揺らぐ
サラリーマン生活

—— 仕事と家庭のはざまで ——

多賀 太 編著

ミネルヴァ書房

かどうかや子どもを持つかどうかは個人の選択に委ねられるものになってきた。結婚後に稼得責任と家事責任を夫婦でどのように分担するのかについても、それぞれのカップルが決定しなくてはならなくなった。こうして、「サラリーマン生活」なるものの輪郭はぼやけて、何が男性の生き方の標準なのかが見えにくくなってきた。

では、こうしたサラリーマン像が揺らぐなかで、当のサラリーマンたちは、何を感じながら、いかなる人生を送っているのだろうか。「サラリーマン」は、いまでも男性たちの生き方の理想たりえているのだろうか、それとも、別の新たな理想のモデルが台頭してきているのだろうか、あるいは、もはや社会的に合意された男性の生き方の理想など存在せず、個人がそれぞれに理想を追い求めているにすぎないのだろうか。

本書は、こうした問題意識にもとづき、一九九〇年代以降の激動する日本社会を生きるサラリーマンの生活実態の詳細を明らかにしようとするものである。

確かに、近年のサラリーマンが置かれた環境の変化については、経営学、労働経済学、労働社会学などの分野において、すでに多くの研究が蓄積されている。しかし本書は、それらの研究に依拠しながらも、次のような独自のアプローチでサラリーマンの生活実態に切り込んでいくものである。

第一に、当事者の具体的な生活事例と生の声を重視する点である。従来の実証研究の多くは、統計的データの分析にもとづくものであり、全体的な傾向を客観的に提示してくれる点で信頼性に富むものではあるが、そこからはサラリーマンたちの「顔」が見えてこないことも多い。こうしたなかで、われわれは幸いにも、ふたつの調査プロジェクトを通して、サラリーマンを中心とする五五名の男女に対して、生活史と生活構造に関するインタビュー調査を行うことができた。本書では、こうして得られた生活事例と語りを中心に据えながら、現代サラリーマンの生活状況を、彼らの「顔が見える」かたちでビビッドに描き出そうとしている。

第二に、本書では、サラリーマンの生活を、職業生活と家庭生活（私生活）の相互関係のなかでとらえることを意識している。経営学や労働社会学の分野では、経営者や雇用者へのインタビューにもとづく事例研究も見られるが、多くの場合、その焦点は職業生活に絞られており、私生活の状況についてはほとんど光が当てられていない。一方、家族社会学や保育・家政・教育などの研究分野では、父親の育児参加を中心として男性の家庭生活に関する研究が増えてきているが、逆にそれらの多くは、父親の仕事の内実をあまり詳しく見ようとはしていない。しかしながら、個人の生活という視点から見た場合、労働と家族生活は、相互に規定し合う切っても切れない関係にある。働き方が私生活のあり方を規制し、私生活のあり方が働き方の可能性を制限する。したがって本書では、サラリーマンたちのメンタリティやライフスタイルを、職業生活と私生活がぶつかり合い、両者の矛盾を引き受けつつその調整をはかっていく「場」としてとらえている。

第三に、本書のもうひとつの特徴は、サラリーマン生活をジェンダーの視点からとらえようとしている点にある。従来の研究のほとんどは、サラリーマンが「男である」ことを自明視するがゆえに、サラリーマンをあたかもジェンダー・ニュートラルな労働者の標準であるかのように見なす傾向があった。しかし、「サラリーマン」は明らかに女性ではなく男性を示す表徴である。日本は現在でも先進国の中で男女格差がきわめて大きい国であるが、「サラリーマン」が男性の生き方の理想であり標準であると見なされることによって、日本のそうした男性優位体制が支えられてきた。そうだとすれば、サラリーマン像の揺らぎは、男性の生き方の指針を失わせるだけでなく、従来の日本の男性優位体制をも揺るがしうるものである。そこで本書では、現在のサラリーマン生活の実態を明らかにしながら、日本社会のジェンダー構造の変化と再編についても考察の射程を広げている。

本書の各所で引用するサラリーマンの生活事例の調査方法と対象者の属性については巻末の「付録　調査の概要」に詳しく記しているので、ここでは対象者の特徴と本書の目的との関係について一言だけふれておきたい。本書での調査対象者は、日本人男性のあらゆる層から満遍なく選ばれているわけではなく、どちらかといえばサラリーマン社会の成功者である。しかし、われわれの主たる目的は、日本人男性の平均的な像を描くことではない。本書の対象者の多くは、学歴主義と男性中心主義が支配的な従来の日本社会において、理想的かつ標準的と見なされてきた男の生き方を体現しながら利益を得てきた層であるが、同時に、経済のグローバル化、新自由主義の興隆、男女平等化にともなう労働環境と私生活の再編が進行するなかで、従来の既得権益を脅かされ、そうした変化への対応を迫られている層でもある。この層に照準を合わせ、彼らが、こうした状況をいかなるものと理解し、その状況に対していかに反応しているのかを明らかにすることは、日本社会のジェンダー構造と階層構造の変動と再生産のダイナミクスを理解するうえできわめて有益な試みであるとわれわれは考えている。

本書は、こうした問題意識と視点を共有する四名の共同研究から生まれたものである。本書の枠組みと本書を構成する各章相互の関係については序章で述べているので、ここでは各章の概略を示しておく。序章では、サラリーマンの誕生から現在に至る歴史を振り返るとともに、近年のサラリーマン生活の揺らぎの概要と背景を示す（多賀）。第1章では、労働法制の変化をふまえつつ、「自己責任」をキーワードとして、近年のサラリーマンに長時間労働を強いている社会的背景を批判的に考察する（東野）。第2章では、異なるキャリアパターンをたどる「新人類」世代以降の男性の生活史事例を比較し、混迷する現代社会を生き抜くための指針を模索する（村田）。第3章では、サラリーマンの仕事と育児をめぐる葛藤における複数のタイプを確認し、そうした葛藤への対処法について批判的考察を加える（多賀）。第4章では、政府審議会答申や商業雑誌記事の分析とサラリーマンの生活事例にもとづいて「父親の家庭教育」ブームの背景を探るとともに、彼らの教育戦略の一端を明らかにする（多賀）。第5章では、会社との距離感と、会社外の世界への関与の仕方を主軸に据えて、「会社人間」世代と「新人類」世代以降でサラリーマンのライフスタイルやメンタリティにいかなる変化が見られるのかを探究する（佐々木）。第6章では、前章までに明らかにされた知見を振り返りつつ、ライフコースの個人化が進行するなかで顕在化してきたさまざまな男性の生き方モデル同士の勢力関係を考察する（多賀）。

編者　多賀　太

揺らぐサラリーマン生活——仕事と家庭のはざまで　**【目次】**

まえがき
凡　例
序　章　揺らぐ労働規範と家族規範……多賀　太　1
——サラリーマンの過去と現在
1　サラリーマン——戦後日本の標準的「男らしさ」……2
2　サラリーマンの変遷……4
サラリーマンの誕生　サラリーマン層の拡大　日本人の象徴
3　揺らぐ雇用・労働環境……12
就職難　地位不安　働き方の個人化
4　揺らぐ家族生活……19
結婚規範の揺らぎ　性別役割分業規範の揺らぎ
出産・子育て規範の揺らぎ
5　ポスト近代のサラリーマン……26
近代化の進展　サラリーマン生活を理解する視点

目　次

第1章　変わる働かされ方、働き方……東野充成 35
——労働法制の変化と自己責任の論理
1　仕事・家庭・自己責任…… 36
2　仕事へ引き込む力…… 38
長時間労働の実態　長時間労働と成果主義
3　家庭へ押しやる力…… 49
ワーク・ライフ・バランス施策の展開　育児休業をとるためには
4　緩衝材としての自己責任…… 57
労働の自己責任化　自己責任という「隠れ蓑」
自己責任論の落とし穴

第2章　キャリアパターンの持続と変容……村田陽平 65
——「新人類」世代以降の事例から
1　「格差社会」の到来と男性のライフコース…… 66
2　持続するキャリアパターン——国家公務員の労働／生活意識…… 70
日常化する長時間勤務　ワーク・ライフ・バランスの困難
メンタルヘルスの問題　キャリアをめぐる葛藤と活路

3 変容するキャリアパターン――転職経験者の労働／生活意識……82
転職によるキャリア形成　転職による働き方の変化
社会やライフスタイルに対する価値観
4 希望の行方……95

第3章 育児するサラリーマン……多賀　太 99
――育児ができないつらさ、仕事ができないつらさ
1 仕事と育児をめぐる父親の葛藤……100
2 仕事のせいで育児ができない！……103
仕事も家庭もフルパワーでいきたいけれど　超長時間労働の苦悩
稼得責任と妻への申し訳なさとの板挟み
3 育児のせいで仕事ができない！……109
子育てで研究時間を失うのは大きな損失
仕事に集中できる独身の人が羨ましい
勇気を振り絞って異動を申し出てみたものの
仕事を通した自己実現と社会的成功へのこだわり
4 葛藤の克服と「育児参加」の意味づけ……118
葛藤克服のプロセス　「育児参加」への多様な意味づけ

5　仕事と育児をめぐる葛藤をもたらすもの……124

第4章　教育するサラリーマン
――チューターとしての父親像の台頭……多賀　太　127

1　父親の家庭教育ブーム……128
2　審議会答申における「父親の家庭教育」――「しつけ」と「世話」……131
新保守主義的用法――「しつけ」　男女平等主義的用法――「世話」
3　商業雑誌における「父親の家庭教育」――「チュータリング」……136
4　チューターとしての父親像の台頭……140
教育するサラリーマン　子どもの階層下降防止
男女平等化への適応　父親の権威の復活
5　ペアレントクラシー時代のサラリーマンの子育て……152
「子どものため」の夫婦間分業　「孟父三遷」

第5章　ポスト会社人間のメンタリティ
――仕事の私事化と私生活の充実……佐々木正徳　159

1　戦後のサラリーマン像……160

2　企業戦士からポスト会社人間へ……162
企業戦士　会社人間　ポスト会社人間のメンタリティ
3　会社との適度な距離……167
働くことの私事化——新入社員の意識調査から
能力・個性の発揮としての仕事　楽しみとしての仕事
4　会社の外へのコミットメント……177
居場所としての家族　社会生活を通した自己成長
5　流動化する社会への適応……183
第6章　個人化社会における「男らしさ」のゆくえ……多賀　太　187
——サラリーマンのいまとこれから
1　ライフコースの個人化……188
2　男の理想の働き方……190
フリーターに対する優越　理想の働き方としての「ビジネスマン」
近代モデルとポスト近代モデル　働き方の分化と序列化
3　男の理想の私生活……202
リスク管理としての共働き　「男らしさ」としての子育て
コストとしての家族

4 個人化社会における「男らしさ」のゆくえ……214
付録　調査の概要……219
（1）A調査の目的と対象者の選定
（2）B調査の目的と対象者の選定
（3）調査の方法と質問内容
（4）対象者の属性とサンプルの特徴
あとがき
索　引
文献一覧

凡　例

・本文中での対象者名はすべて仮名である。
・本文の事例番号は、巻末の「付録　調査の概要」のなかの対象者一覧に記している対象者個人に割り当てられた番号に対応している。
・本文中の対象者の年齢は、面接時のものである。
・対象者の語りを引用する際には、読者に理解しやすいよう、発言の趣旨を曲げないことに最大限注意を払いながら、方言、語順、表現等を改めたり、言葉を補ったりしている。

序章　揺らぐ労働規範と家族規範

――サラリーマンの過去と現在

多賀　太

《要　約》

戦後の長きにわたって日本人＝男性の標準モデルとされてきたサラリーマンの生活が、いま大きく揺らいでいる。本章では、サラリーマンの誕生から近年のサラリーマン像の揺らぎに至る過程を概観し、次章以降への導入とする。近代的セクターで働くごく一部の知的エリート男性を指す名称として大正期に知られるようになった「サラリーマン」という用語は、その後のホワイトカラー層の拡大と「ブルーカラー層のホワイトカラー化」に支えられて、高度成長期の終わりまでには、男性の標準モデルを指す用語、さらには日本人を象徴する用語となった。長時間労働と引き替えの長期安定雇用、「夫は仕事、妻は家庭」という性別役割分業など、サラリーマンに典型的な生活のイメージが人々の間で共有されていた。しかし、日本がポスト近代社会に移行したと見られる一九九〇年頃を境にして、サラリーマン像は大きく揺らぎ始めた。サラリーマンになれること、サラリーマンでいられることの確実性が低下するとともに、働き方の多様化が進行してきた。私生活面では、ライフスタイルの多様化が進み、結婚する（できる）かどうか、夫婦間でいかなる役割分担パターンを選択する（できる）か、子どもを持つ（持てる）かどうかが、より不確実になってきた。

1　サラリーマン――戦後日本の標準的「男らしさ」

「サラリーマン」という用語が指し示す対象は、時代とともに変化してきたし、それが用いられる文脈によっても異なる。しかし、salaried man の和製英語である「サラリーマン」を字義通りにとらえると、「俸給生活者」「給料生活者」「月給取り」（『広辞苑』第六版）となる。つまり、労働の対価を時給や日給といった賃金（wage）のかたちではなく月給のような固定給（salary）のかたちで受け取って生活している人々のことである。日本では、職種というよりも雇用形態を指すこの用語が、あたかも職業のひとつであるかのように位置づけられてきた（梅澤 1997：9）。そして、日本社会が戦後の経済成長を遂げるなかで、「サラリーマン」は、あるタイプの人々を指すにとどまらず、「日本人の行動規範の目標」（Wolferen 1989＝1990：278）であり、「時代の生き方モデル」（竹内 1996）とさえ見なされるようになった。

しかし、従来のほとんどのサラリーマンの定義には、共通して、ある視点が欠落している。それは、「サラリーマンは男である」という視点である。サラリーマンが男であるということは、あまりにも当たり前すぎるため、あからさまに議論されることは少なかった。だが、われわれは通常、女性の給料生活者を「サラリーマン」とは呼ばない。男性のサラリーマンに対応する女性の呼称としては、戦前の「職業婦人」や戦後の「ＯＬ」がある。また、家族生活の文脈においては、「サラリーマン」は「(専業) 主婦」とセットで語られる。これらの例が示すように、サラリーマンは、決してジェンダーに中立的な記号ではなく、男性を指す、ジェンダー化された記号である。サラリーマンが日本人の標準モデルであったとしても、それは決して「女らしさ」のモデルではなく、あくまで「男らしさ」のモデルであった。

ただし、だからといって、「サラリーマン」が女性の生き方とは無関係だったかというと、決してそうではない。女性の生き方のモデルである「主婦」や「ＯＬ」がいかなる者であるかは、「サラリーマン」との関係性において規定される。また、「男らしさ」のモデルであるはずのサラリーマンを女性も含めた日本人の生き方モデルと見なすというのも、あながち間違いとはいえない。ちょうど、英語の man が、男を意味する記号でありながら、女 (woman) を含めた「人間」を代表して用いられてきた (中村 1995：11-46) のと同様に、「サラリーマン」は、男性を指す記号でありながら、女性も含めた日本人全体を代表＝象徴 (represent) してきた。このこと自体、これまでの日本社会が男性中心社会であったことを物語っている。同時に、こうしたサラリーマン観が、男性中心の日本社会のあり方を正当化してきたともいえる。

しかし、戦後の長きにわたって日本人＝男性の標準モデルとされてきたサラリーマンの生活が、いま大きく揺らいでいる。その実情については、第1章以降で詳細に見ていくことにして、本章では、サラリーマンの誕生から近年のサラリーマン像の揺らぎに至る経緯を概観し、本書の導入としたい。

2 サラリーマンの変遷

サラリーマンの誕生

「サラリーマン」という用語が一般的に用いられるようになったのは、大正時代になってからである。明治期から昭和前期にかけて活躍した漫画家の北澤楽天が「サラリーマンの天国」「サラリーマンの地獄」と題してサラリーマンの日常生活を漫画に描いたのが、一九一八（大正七）年である（酒井・清水編 1985：63-64）。翌年の一九一九年六月には、「東京俸給生活者同盟」が結成され、これが「サラリー・メンス・ユニオンの組織」として新聞で報道されている（朝日新聞 2009）。さらに、大正末期から昭和初期にかけて、吉田辰秋の『サラリーマン論』（一九二五）や前田一の『サラリーマン物語』（一九二八）などが相次いで刊行されるなかで、「サラリーマン」という用語は人口に膾炙していく。

しかし、大正期に「サラリーマン」と呼ばれるようになった層の人々が世に現れたのは、この用語が用いられるようになるよりもずっと前のことである。「サラリーマン」を「俸給生活者」ととらえるならば、その最初の層は、明治維新後の官吏や官員、教員、巡査などの公務員に求めることができる。当時これらの職に就いたのは、旧武士階級である士族の男性たちであった（梅澤 1997：5）。また、明治期の下級役人は「腰弁」と呼ばれていたが、これは、弁当代の余裕がないので風呂敷に弁当を包んで通勤する彼らの様子を、弁当を腰に下げて登城していた江戸時代の武士になぞらえたものである（竹内 1996）。これらのことからも、サラリーマンという存在が、江戸時代の武士と系譜的なつながりを持っていることがうかがえる。

明治三〇年頃になると、徐々に、それまで士族身分の延長として公的な職に従事していた「士族サラリーマン」に、高等教育機関の卒業生という「近代的サラリーマン」が取って代わるようになる。同時に、明治政府の殖産興業策に後押しされた工業化の進展にともなって企業数が増加し、それまで官庁に流れていた高等教育機関の卒業生が民間企業へと就職するようになっていく（梅澤 1997：5–6）。大正六（一九一七）年には、東京と京都の帝国大学卒業生の間で、民間企業に就職する者の数が官庁へ就職する者の数を上回るようになる（松成他 1957：42）。また、第一次大戦中から大戦直後にかけて、好景気に支えられて民間企業の賃金が上昇し、官庁から会社への転職が続出する（梅澤 1997：25）。こうして、「サラリーマン」の用語が人々の間に広く知れ渡る頃には、公務員よりも民間企業の従業員男性をイメージさせる今日の「サラリーマン」の用法に見合う現実が形作られていく。

戦前のサラリーマンは、「インテリ」や「知識階級」と呼ばれる教育エリートであり、社会のなかでごく少数派であった。戦前に固定給の形で労働の対価を受け取っていたのは、事務職や専門・技術職といったホワイトカラー層であったから、当時のサラリーマンとは、ホワイトカラー層の男性のことであった。当時ホワイトカラーの職に就くことができたのは、多くの場合、中等教育以上の学歴を持つ一部の男性に限られていた（三宅 1995）。中等教育機関（旧制中学校、実業学校（甲）、師範学校（第一部））への進学率は、明治末期の一九一〇年でもわずか一三・九％であり、大正一四（一九二五）年でも一九・八％と二割に満たなかった。高等教育機関（大学・大学院）に進学する者に至っては、大正四（一九一五）年で同年齢人口のわずか一・〇％、大正一四（一九二五）年でも二・五％でしかなかった（文部省調査局 1962）。こうした学歴状況を背景として、「月給取り」の割合も非常に少なかった。明治四一（一九〇八）年の「月給取り」の割合は、東京市で労働力人口のわずか五・七％であり、大正九（一九二〇）年でも、東京市の有業人口のほぼ五人に一人、全国の有業人口の五・五％でしかなかった（竹内 1996）。

ただし、サラリーマンたちが、その職を得るまでの「教育投資」に見合った収入と生活水準を享受できていたかというと、必ずしもそうではなかった。明治三〇年代後半には、官公庁や民間企業における中級職以上のポストがほぼ高等教育修了者によって占められてしまったため、後続の高等教育修了者たちは、ブルーカラーとほとんど変わらない収入しか得られない下級職から出発し、長い時間をかけて上級のポストへ這い上がっていくというキャリアコースを強いられるようになった（竹内 1996）。庶民がまだ和服で過ごしていた時代に洋服を身にまとったサラリーマンは、外見こそモダンな特権階級に見えたが、急激な物価の高騰に見合うだけの俸給を得ることは難しく、「洋服細民」と呼ばれて経済的に苦しい生活を送ることもしばしばであった（梅澤 1997：25–26）。

サラリーマン層の拡大

大正期までは、「サラリーマン」と呼ばれる人々は、近代的セクターで働くごく一部の知的エリート男性に限られていた。しかし昭和の時代に入ると、「サラリーマン」は、その意味と実態の両方において拡大を遂げ、昭和の末期までには、男性就業者のマジョリティを指す用語へと変化していく。こうした昭和期のサラリーマン層の拡大は、大きく分けてふたつの位相でとらえることができる。

ひとつは、元来サラリーマンの中核をなしてきたホワイトカラー層の拡大である。国勢調査によると、「事務」「専門・技術」に類別される狭義のホワイトカラー層が全就業人口に占める割合は、一九三〇（昭和五）年には六・五％だったのが、一〇年後の一九四〇（昭和一五）年には一〇・六％と一割を超える。戦後になると、経済の高度成長にともなってホワイトカラーは急増していく。一九五五（昭和三〇）年には一三・〇％だったホワイトカラー層の割合は、一九六五（昭和四〇）年には一八・五％とほぼ二割近くになり、オイルショック直後の一九七五（昭和五〇）年には二三・八％とほぼ四人に一人の割合にまで高まってくる（三宅 1995）。

こうした変化は、機械化と組織の複雑化にともなって各企業あたりの従業員に占めるホワイトカラーの割合が高まったことや、経済成長にともなう企業数の増加や企業規模の拡大によってホワイトカラーの絶対数が増加したことによって生じた。しかし、人々の階層上昇志向と学歴志向の高まりの影響も見逃せない。一九五五年のＳＳＭ調査によると、ブルーカラー層では、「才能もあり、まじめに努力しているのに出世できない人にとって、成功の最大の障害になっているもの」として「学歴の低さ」を挙げる人が最も多かった。こうした意識を持つ「野心的なブルーカラー」は、「自分の代に満たされなかった欲求を子供に投射」し、「苦しい家計を切りつめてでも自分以上の高い教育を受けさせようと」した。そうして彼らが「子供を送り込もうとしている具体的な目標はホワイト・カラー」だった（杉 1958：224）。経済成長にともなう所得の伸びにも助けられて、それは現実のものとなった。

もうひとつ、昭和の時代にサラリーマン層の拡大をもたらした要因が、「ブルーカラーのホワイトカラー化」（小池 1999：101）である。戦前には、ブルーカラー（工員）とホワイトカラー（職員）の間には、さまざまな点で身分的な障壁が存在した。しかし、戦後になると、工員と職員とが一体となった企業別組合が結成され、工・職差別撤廃要求が行われた。こうした要求が実り、工員と職員は人事労務管理上ともに「社員」として処遇されるようになり、工員の賃金が俸給課されて賃金制度の平等化がはかられた。また、「作業長制度」などの導入により、昇進制度面でも工員と職員の境界が崩された。こうして、雇用条件面での工員と職員の相対的格差が縮小していったのである（三宅 1995：千葉 2004）

また、高度成長期には、採用面でもブルーカラーのホワイトカラー化が進行した。一九六〇年頃までは、新規学卒者を採用して長期間かけて企業内教育によって従業員を育てていくという採用・訓練方法がとられていたのは、高学歴者をホワイトカラーとして採用する場合にほぼ限られていた。したがって、ブルーカラー層の大半は、臨時工という非正規労働者として生産上の必要に応じて柔軟に採用・解雇される不安定な立場に置かれていた。しかし、一九六〇年代代半ばになると、経済成長にともなって生じた労働力需要を満たすため、各製造業企業は、ちょうど中学・高校卒業の時期を迎えていた「団塊の世代」の新規学卒者をブルーカラーとして自社内へ囲い込もうとした。当時は、高校進学率が急激に上昇していたため（一九五五年 五一・五％⇒一九六〇年 五七・七％⇒一九六五年 七〇・七％⇒一九七〇年 八二・一％）、新規中卒就職者だけではブルーカラー層の労働力需要を満たすことができず、従来ホワイトカラー層の供給源であった新規高卒者からもブルーカラーを採用するようになった。こうしたなか、新規高卒者の就職に関しては、職種にかかわらず学校から斡旋された卒業生を企業が定期的に採用するという採用慣行が定着していった（本田 2004）。

さらに、こうしたブルーカラーとホワイトカラーの処遇面での格差縮小により、両者の仕事や職場に対する意識も近いものになっていった。伝統的なブルーカラー像においては、企業や職場集団に対して対抗的な立場をとったり、仕事や職場集団とのかかわりを生活のための手段として割り切ってとらえるというスタンスが支配的であった。しかし、一九六〇年代頃から、「自分たちの生活向上のために企業に貢献する」「家庭生活を重視するがゆえに、職業生活では長期の雇用保障を背景に昇進・昇給をめざして同僚に遅れをとらぬよう仕事に邁進する」という、いわゆる「会社人間」的なスタンスが、ブルーカラー層にも広まっていった（千葉 2004）。

こうして、もはやサラリーマンは知的エリートではなくなった。ブルーカラーとホワイトカラーの境界は崩壊し、「サラリーマン」の意味は単なる男性雇用労働者の別称へと拡張された。政府の「労働力調査」によれば、こうした意味でのサラリーマンは、第一次オイルショックのあった一九七三年には男性の全就業人口の四分の三を占め、バブル経済崩壊直前の一九九〇年には八割を超えた。

日本人の象徴

高度成長期を通して、サラリーマン層が質的かつ量的に拡大するのに歩調をあわせるかのように、人々の間には中流意識が広まっていき、日本は「一億総中流社会」とまで言われるようになった。政府の「国民生活に関する世論調査」では、一九五八年以降、世間一般から見た世帯の暮らし向きを「上、中の上、中の中、中の下、下」の五段階で尋ねている。それによると、高度成長が始まった直後の一九五八年には、「中の中」と答えた人の割合は三七・〇%であり、「中の下」（三二・〇%）と「下」（一七・〇%）の回答を合わせた割合の方が圧倒的に高かった。しかし、高度成長が終了した直後の一九七五年には、「中の中」と答えた人の割合は五九・四%とほぼ六割に達し、「中の下」（二三・三%）と「下」（五・四%）を合わせた回答のほぼ二倍となった。そして、「中の上、中の中、中の下」を合わせた回答の割合は、八九・九%とほぼ九割にまで達した。

こうして、従来の階層論における「中流階級」といった概念ではとらえきれないような巨大な中間層が形成されることになった。この中間層には、「ホワイトカラー、ブルーカラー、農民、自営業者」などさまざまな職業の世帯が含まれていたが、彼らの間に、生活スタイルや生活意識の点において明確な境界を引くことは困難であった。こうした「新中間大衆」（村上 1984：194）とも呼ぶべき人々の

「総中間層意識の重要な培養器となったのが、サラリーマンという包括的な社会的表徴」であった（竹内 1996）。

この時期、階層の観点から見て、サラリーマンが「中間層」を表象するものであったとすれば、ジェンダーの観点から見れば、サラリーマンは戦後日本社会における「ヘゲモニックな男性性（hegemonic masculinity）」を体現するモデルであった（Dasgupta 2000：Roberson & Suzuki 2003：1-9）。ヘゲモニックな男性性とは、権威と結びつき、他の男性性に比べて優位に位置づく男性性のパターンであり、男性支配の正当化戦略が具現化したものである（Connell 1987＝1993：205，1995：76-78）。サラリーマンが男性の標準的なライフスタイルだと見なされることを通して、この時期の男性優位の社会構造が維持されてきた。同時に、この時代の男性優位の社会構造が、サラリーマン・モデルに沿った男性の生活を正当化してきた。

サラリーマンが会社人間として仕事に没頭でき、職場組織と社会において高い地位を独占できたのは、職場では女性を周辺化し、家庭では職場から排除された女性＝主婦に家庭責任を負わせることができたからであった。一方で、主婦たちが賃労働に就かずに家事に専念できたのは、サラリーマン＝夫が家族を十分に養えるだけの賃金を得られたからであったが、まさにこのことが可能となりえたのは、主婦になっていった女性たちを職場から排除したからであった（千葉 2004：金野 2000）。こうした社会制度に対して、それを崩壊させてしまうほどには女性の不満が高まらず、むしろ少なからぬ割合の女性たちが自ら進んで主婦になっていったということは、サラリーマン・モデルを通した男性支配の正当化戦略が功を奏していたことの証であった。こうして、「サラリーマン―専業主婦」という夫婦モデルは、時代の標準世帯モデルとして定着していった。

このように、日本が高度成長期を経て安定成長期に至る過程で、「サラリーマン」は、その定義に当てはまる特定の人々を指す用語を超えて、中間層を表象するものとなり、男性の標準モデルとなり、女性も含めた日本人の象徴となった。「サラリーマン」と聞けばすぐに思い浮かぶような典型的なサラリーマン生活のイメージが人々の間で共有されるようになった。

しかし、一九九〇年頃を境にして、サラリーマンの生活、そして日本人の標準モデルとしてのサラリーマンの地位は大きく揺らぐことになった。例えば、岡本智周と笹野悦子は、戦後の新聞記事の数量的・質的分析を通じて、高度成長期には「労働者」「納税者」として企業や国家に組み込まれた存在であったサラリーマンの支配的イメージが、一九九〇年代になると、企業や家族から切り離され、人生のリスクをより引き受けざるを得ない個人というイメージに変化してきたことを指摘している(岡本・笹野 2001)。こうしたサラリーマン像の揺らぎを、次節以下で、雇用・労働環境と家族生活という両側面から概観してみよう。

3　揺らぐ雇用・労働環境

近年のサラリーマンの雇用・労働環境の揺らぎは、大きく分けて次の三つの側面からとらえることができる。第一に、サラリーマンになりにくくなったこと。第二に、サラリーマンになっても、安定した雇用と生活水準および社会的地位の向上の見通しが立ちにくくなったこと。第三に、どのような働き方をするかについて本人の自主性により任されるようになったことである。

就職難

まず、「サラリーマン」になること自体がより難しくなってきた。高度成長期（一九五五〜一九七三）から安定成長期（一九七三〜一九九一）にかけて確立されたサラリーマン・モデルの特徴のひとつが長期安定雇用、すなわち本人が望みさえすれば定年まで大きな労働条件の変更をともなわずに雇用が保障されることだった。一九六〇年代から一九八〇年代には、ほとんどの男性は、望めば正規雇用の職に就けたし、より努力して高い学歴を身につければ、昇進や昇給などの点においてよりよい条件からサラリーマン生活をスタートすることができていた（山田 2004：79）。しかし、高等教育進学率が五割を超えるという「超」高学歴化が進行する一方で、企業が若年層の採用を控えたり、採用する際も正規雇用の枠を減らして非正規雇用で採用する傾向が強まってきた。

こうして近年では、女性のみならず男性でも、学卒後に職を得るチャンスが縮小しつつある。「労働力調査」の長期時系列データによると、一五〜二四歳男性の完全失業率は、一九八〇年代から一九九〇年代前半の間は四〜五％代で推移していたが、一九九八年には八・四％となり、二〇〇三年には一一・六％にまで上昇している。二五〜三四歳男性についても、一九九〇年代までは一〜二％台で推移していた完全失業率が、一九九八年には四・二％となり、二〇〇三年には五・九％にまで上昇している。それ以降二〇〇八年までの間に、一五〜二四歳では七〜八％台にまで低下しているが、二五〜三四歳ではほぼ毎年五％を上回っている。

これに加えて、若年男性が長期安定雇用を前提とした正規雇用の職に就くチャンスも縮小している。同じく「労働力調査」の長期時系列データによると、一五〜二四歳男性で雇用者に占める非正規雇用の割合は、一九八〇年代後半から九〇年代前半にかけては二〇％前後で推移していたが、一九九八年には三〇％を超え、二〇〇一年以降はほぼ毎年四〇％を超える水準で推移している。これらの数値には在学中の人も含まれているが、在学中の人を除いた数値で見ても、二〇〇一年には二〇％を超え、二〇〇八年には二八・六％とほぼ三割に達している。二四〜三四歳男性の非正規雇用者割合については、一九九〇年代前半までは二〜三％台で推移していたが、九〇年代後半になると五〜六％へと上昇し、二〇〇〇年代前半には毎年ほぼ一ポイントのペースで増加していき、二〇〇八年には一三％を超えている(1)。

このように、より努力して高い学歴を身につけても、かつてのサラリーマンのような安定した雇用が得られるチャンスはより少なくなってきた。ただし、だからといってサラリーマンになるうえで、学歴の効果がなくなってしまったわけではない。学歴は、より安定した雇用を得るための十分条件ではなくなってきたが、依然としてその必要条件ではありつづけている。つまり、「よりよい」職を得るためには、少なくとも「よりよい」学歴（より高い教育レベルのみならず、同じ教育レベルであっても、より威信の高い、より就職に有利な学校を卒業すること）が必要とされるが、「よりよい」学歴があるからといって、「よりよい」職が得られるとは限らない状況になってきたのである。したがって、よりよい就職を得るためにより高い学歴を目指す競争が衰えることはないし、就職に有利に働きそうな学歴以外の能力を高めようとする競争も激化してくる。こうした社会的状況が、サラリーマン層における、母親のみならず父親をも巻き込んだ近年の家庭教育ブームの背景にあると考えられる（本田 2008a：本書第4章参照）。

地位不安

さらに、サラリーマンになった後も安心できなくなった。民間企業が常に倒産のリスクを負っていることはいつの時代にも変わりないが、少なくとも一九九〇年代半ばまでは、一流といわれる大手企業が倒産することは考えられなかった。しかし、一九九七年の年の山一證券の自主廃業や北海道拓殖銀行の経営破綻に象徴されるように、大企業に勤めている雇用者も、もはや安泰とはいえない時代になった。倒産しないにしても、リストラという名の人員削減策により、安定した地位から追いやられたり解雇されたりする不安も高まってきた。例えば、近年で男性の失業率が最も高かった二〇〇三年に、男性の年齢階層別失業率が最も高かったのは一五～二四歳の若年層（一一・六％）であるが、次いで高かったのは五五～六四歳の中高年層（六・八％）であった。これは、企業側が雇用調整として、新卒採用を抑えるとともに、中高年をリストラした結果と考えられる（佐野 2004）。さらに、職を追われることはなくても、自分の勤める企業が別の企業によって買収され、突然労働環境が大きく変わるということも珍しくなくなった[2]。

収入の点でも、安定した賃金の上昇が見込める程度が低下してきた。現在でも、年齢と勤続年数にともなって賃金が上昇するという年功序列型の賃金体系が完全に崩れているわけではないものの、近年では、定期昇給が廃止されたり、年齢・勤続年数以外の成果・業績部分の比重を高めたりする成果主義的賃金体系への移行が試みられる傾向にある（佐藤 2004）。こうしたなかで、男性従業員の加齢にともなう賃金の上昇率は年を追うごとに低下している（山田 2004：77）。

昇進を通した組織内および社会での地位の上昇という点でも、不確定性の程度が高まってきた。日本の大企業の昇進管理においては、性、年齢、学歴、勤続という四つの基準で昇進競争の範囲を限定したうえで、選抜されなかった者がその後の昇進競争に参加できなくなる時期を遅らせて、それまではほぼ横並びのかたちで昇進させていくという「遅い選抜」のスタイルを特徴としてきた（竹内 1995：155–190；小池 1999：69–76）。そうしたなかでは、「男の正社員」である限り、人並みに仕事をしておけば地位の上昇が期待できた。しかし、近年ではその存立基盤が失われつつある。企業が採用者の高学歴化に見合うだけの役職者ポストを準備することは難しくなってきている（佐藤 2004）。さらに、一九八六年の男女雇用機会均等法の施行以後、少なくとも制度上は、男性と対等な立場で幹部社員候補として働く女性が徐々に増えてきている。企業側も、「ダイバーシティ・マネジメント」（性差や人種など組織構成員個々の違いを認め、組織構成員の多様性を積極的に活かすことを通して、組織全体の活性化をはかる考え方で、市場の多様化や経済のグローバル化に対応する人事・経営戦略）（篠原 2008：109）の発想を取り入れ、従業員の昇進や評価において属性よりも能力・業績を重視する方向に転換するなかで、「できない男」よりも「できる女」を使う方向に転換しつつある（熊沢 2000：49）。そうしたなかで、「男の正社員である」ことだけで人並みに仕事をしておけば昇進できるという可能性はより低くなってきている。「女性上司に男性部下」の組み合わせは、もはや珍しい事例ではない。(3)

働き方の個人化

キャリア形成の仕方や日々の働き方に関しては、企業任せではなく個人の自律的な判断に委ねられる傾向が強まってきた。

まず、能力開発やキャリア形成の仕方に変化が見られるようになった。高度成長期から安定成長期の日本企業における従業員の能力開発は、「企業のなかで、仕事をしながら、徐々に仕事を覚える」という企業内訓練（on-the-job training）を中心に行われてきた。与えられた地位に応じて求められる職務をこなしていけば、自然と仕事能力が高まり、地位の上昇をともなうキャリア（職務経歴）が形成されていった。しかし近年では、企業の能力開発は「①職業能力の社会的評価制度を整備して外部労働市場の機能を高める方向、②企業主導の能力開発重視から個人主導の能力開発重視の方向、③個人の主体的なキャリア形成を支援する方向」へとシフトしてきている（上西 2004）。こうしたなかで、男性従業員の側でも、企業への帰属意識が相対的に弱まったり、管理職志向に比べて専門職志向が強まったりするなどの傾向が見られる（佐藤 2004）。

日々の働き方においても変化が見られる。何を、どこまで、どのように、どのくらいの時間をかけて行うかの決定が、より個人に任されるようになった。ホワイトカラー層においては、従業員個人が目標を設定し、その達成度に応じて評価されるという「目標管理制度（ＭＢＯ）」や「実際の労働時間数に関わらず一定の労働時間数だけ労働したものとみなす時間管理の仕組み」（佐藤 2001：22）である「裁量労働制」の採用も珍しくなくなってきた。さらに、「育児・介護休業法」（一九九一年成立）や「次世代育成支援対策推進法」（二〇〇三年成立）の定めにしたがって、多くの企業で、育児休業制度、短時間勤務制度、子の看護や介護のための休暇制度などが導入されている。こうしたなかで、従業員は、少なくとも制度上は、自らの判断で仕事の時間や量を減らし、それによって家庭責任を果たすことが可能になった。現在のところ、これらの利用はほとんどの場合女性従業員に限られているが、「ワーク・ライフ・バランス（仕事と生活の調和）」政策や、「ノー残業デー」などの取り組みに見られるように、男性も含めた働き方の見直しをはかろうとする動きも顕著になってきた（本書第1章参照）。

こうして、どのような要領で、どの程度の能力開発をし、どのような職務経歴を進んでいくのか、どの程度の仕事を、どのような要領で、どのくらいの時間をかけて行うのか、職業生活と家庭生活のバランスをどのようにして取るのか、これらについて、一定程度の選択肢が準備されるとともにそれを選択せざるを得なくなっているのが、今日のサラリーマンの労働状況である。ただし、選択肢があるといっても、一定の条件や制約のもとでの選択であるし、実質的な選択肢が多い人と限られた人との違いもある。また、企業に決められた働き方であれば成果が出なくても企業の責任にできるが、自分で決めたとなると自分で責任を負わざるを得ない。目標管理制度に関しては、個人の主体性に任せているように装いながらも、結局は「面接で企業目標を納得させ、それに寄与する個人目標を本人の責任において決定してもらうという……自発と強制が峻別できないほどないまぜ」になった制度であるとの指摘もある（熊沢 1997：63-66）。裁量労働制についても、成果主義とセットで運用されるならば、気楽な働き方どころか、かえって精神的なプレッシャーが高まったり、労働時間が長くなったりする可能性もありうる。このように、いま、サラリーマンは、先行きが不透明ななかで働き方の選択を迫られ、その結果については自己責任を負うという不安定な環境に置かれつつあるのだ（第1章参照）。

4　揺らぐ家族生活

一方、家族生活の面でも、サラリーマンの生活はより不確実なものになりつつある。それは大きく分けて、結婚規範の揺らぎ、性別役割分業規範の揺らぎ、出産・子育て規範の揺らぎという三つの側面からとらえることができる。

結婚規範の揺らぎ

「サラリーマン」が多くの男性たちにとっての理想であり、標準的な男性を指す記号であったとすれば、家庭生活という社会的文脈において、サラリーマンに対応する理想的な女性を指し示す記号は「(専業)主婦」であった。高度成長期の半ばから安定成長期にかけての二〇年以上にわたって、「サラリーマン―専業主婦」モデルが、日本の夫婦関係の標準モデルとされてきた。サラリーマンには、暗に結婚して主婦持ちであることが期待されていた。そのため、未婚のサラリーマンには結婚への社会的圧力がかかった。従来であれば、上司が部下の結婚相手探しに協力することは珍しくなかったし、結婚していることが海外駐在に出るための暗黙の条件となるような企業もあった(多賀 2004：19)。つまり、「サラリーマン」は、異性愛至上主義(heterosexism)的な規範を帯びた記号であった。

しかし、一九九〇年頃を境に、この結婚規範が大きく揺らぎ始めた。政府の「男女共同参画に関する世論調査」によれば、「結婚は個人の自由であるから、結婚してもしなくてもどちらでもよい」という考え方に「賛成」「どちらかといえば賛成」「どちらかといえば反対」「反対」の四段階で答える質問で、「賛成」と答えた人の割合は、一九九二年では三〇・九%であったが、五年後の一九九七年には四〇・七%と約一〇ポイント増加し、その五年後の二〇〇二年には五一・一%とさらに一〇ポイント以上増加して半数を超えた。二〇〇七年時点では「賛成」は四二・八%とやや減少しているが、「どちらかといえば賛成」も合わせた賛成派は六五・一%とほぼ三人に二人の割合にのぼっている。また、二〇～二九歳の年齢層に限って見てみると、二〇〇七年で「賛成」と答えた者の割合は六一・

九％、「どちらかといえば賛成」を合わせると八七・七％と九割近くにまで達している。

こうした結婚規範の弱まりと呼応するかのように、晩婚化・未婚化が急速に進行している。国勢調査によれば、一九七五年に一四・三％だった三〇〜三四歳男性の未婚率は、一〇年後の一九八五年には二八・一％とほぼ倍増し、一九九五年には三七・三％、二〇〇五年には四七・一％と、一〇年ごとにほぼ一〇ポイントの割合で高まっている。三〇〜三四歳女性の未婚率についても、一九八五年で一〇・四％だったのが、一九九五年で一九・七％、二〇〇五年で三二・〇％と、一〇年ごとに一〇ポイント以上のペースで高まっている。五〇歳時の未婚率で表される「生涯未婚率」は、二〇〇五年では男性一五・四％、女性六・八％となっている。

もちろん、結婚規範の弱まりだけが近年の未婚化傾向を生じさせているわけではない。特に男性の場合は、同年齢階層であれば、非正規従業員よりも正規従業員の方が結婚している比率が圧倒的に高く、年収が多いほど結婚している比率が飛躍的に高い傾向にある（労働政策研究・研修機構 2005：91；厚生労働省 2009a：8）。若年男性の就職難や収入の伸びの鈍化も、晩婚化や未婚化の重要な要因に違いない。

しかし、いずれにせよ、未婚化の進行と結婚規範の弱まりは、互いに呼応し合いながら急激に進行している。結婚するかしないかは、もはや個人が選択して決断すべきことになった。同時に、結婚したいと思ってもできるとは限らない傾向がより強まってきたのである。

性別役割分業規範の揺らぎ

結婚することを選択するにしても、家族生活を営むうえで必要となる役割をパートナーとどう分担するかという次の選択が必要となってくる。高度成長期には、夫婦間の役割分担のあり方は、社会的にほぼ決められていた。男女雇用機会均等法が施行される一九八六年以前には、民間企業では、女性が結婚後や出産後にも男性と同様の雇用条件で働き続けられる機会は非常に限られていた。この時期には、「夫が外で働いて経済的に家族を支え、妻は家庭で家事・育児に専念する」というのが基本であり、夫ひとりの収入では「人並み」の家族生活が送れそうにないときに限って、家庭責任を果たすのに差し障りのない範囲で妻も働くというのが、一般的な慣行であった。こうした社会的状況を背景として、一九七九（昭和五四）年に旧総理府が行った「婦人に関する意識調査」では、「夫は外で働き、妻は家庭を守るべきである」という考え方に賛成（「賛成」または「どちらかといえば賛成」）と答えた人の割合は七二・六％と七割を超えていた（国立女性教育会館 2010）。

しかし、こうした慣行もまた、一九九〇年頃を境として大きく揺らいできた。一九八六年の男女雇用機会均等法の施行以後、民間企業においても女性が男性とより対等な立場で働ける道が徐々に開けてきた。これにより、夫婦ともにキャリアを継続し高収入を得るというタイプの夫婦関係を築ける可能性も高まった。日本では、戦後一貫して、夫の収入が高い層では妻が働かず、夫の収入が低い層では妻が働くといういわゆる「ダグラス―有沢の法則」が経験則として成立するとされてきたが、一九九〇年代後半になるとそうした経験則にあてはまらないケースが指摘されるようになってきた（大竹

2000：小原 2001：真鍋 2004）。特に、若い世代の夫婦においては、夫の年収が高い層では妻の年収も高くなるという傾向さえ見られるようになった（山田 2004：148）。

他方で、「仕事のみに没頭して家庭責任を果たさない」というサラリーマン・モデルを批判したり、そうした生き方に警鐘を鳴らしたりする声も大きくなってきた。一九八九年には、定年後の生活に再適応できず妻にまとわりついて離れない男性を揶揄する「濡れ落ち葉」が流行語となり、サラリーマンたちの間でも、定年後の生き方に備えて会社人間からの脱皮をはかる必要性が少しずつ認識されるようになってきた（多賀 2006：145–166）。その一〇年後の一九九九年には、旧厚生省のキャンペーンで、「育児をしない男を、父とは呼ばない。」というスローガンが話題を呼んだ。さらに、後身の厚生労働省は、それからほぼ一〇年後の二〇一〇年に、男性の育児参加促進を目指す「イクメンプロジェクト」を開始している（厚生労働省 2010a）。こうして、若い男性たちの間で、実態はともかく、少なくとも意識の面では夫婦がより対等に育児に参加することの必要性が認識されるようになってきた（多賀 2006：122–144）（本書第3章参照）。

また、サラリーマンの雇用環境が不安定化したり、以前ほど収入の上昇が見込めなくったりするなかで、男性たち自身も自分ひとりで家族の経済的基盤を支えることを重荷に感じるようになってきた。内閣府の「男女共同参画に関する世論調査」によれば、一九九二年の時点では、「女性は子どもができてもずっと職業を続ける方がよい」と考える男性は二割に満たなかったが、一〇年後の二〇〇二年には三七・二％とほぼ倍増し、二〇〇七年には、三〇～五〇歳代の男性のほぼ二人に一人がこの考え方を支持している（内閣府 2007a）。二〇〇九年には、「夫は外で仕事をして、妻は家庭を守る」という性別役割分業反対派（五五・一％）が賛成派（四一・八％）を大きく上回っており、男性でも七〇歳代以上を除くすべての年齢層において反対派が賛成派を上回る結果となっている（内閣府 2009a）。

こうして性別役割分業規範が弱まり、「サラリーマン―専業主婦」モデルの正当性が揺らぐなかで、仕事をして生活費を稼ぐ役割、家事、育児のそれぞれを夫婦間でどのように分担するのかについて、選択の幅がより広がってきている。もちろん、夫婦間の役割分担のあり方に関しても、まったく自由に選択できるわけではなく、さまざまな条件や制約のもとでの選択となる。それでも、夫婦間でどのように役割を分担すべきかに関して、もはや「正解」はありえない。社会は「答」を教えてはくれない。「答」は自分たちで見つけ出すしかないのである。

出産・子育て規範の揺らぎ

結婚後に、夫婦間の役割分担のあり方とともにもうひとつ選択を迫られるのが、子どものことである。子どもを持つのか持たないのか、持つとすれば何人か、どの程度お金と労力をかけて育てるのかなどの選択である。

高度成長期から安定成長期にかけては、「サラリーマンと専業主婦とふたりの子ども」が「標準世帯」と見なされていたように、結婚すれば子どもをもうけるのが当たり前とされてきた。しかし、そうした規範は崩れつつある。政府の「男女共同参画に関する世論調査」によれば、「結婚しても子どもを持つ必要はない」という考え方への賛成派（「賛成」と「どちらかといえば賛成」を合わせた割合）は、一九九二年には三〇・六％に過ぎなかったが、一九九七年には四二・七％にまで高まっている。二〇〇七年には賛成派は三六・九％とやや減少しているが、それでも二〇～三〇歳代では、賛成派（二〇代六〇・七％、三〇代四八・九％）が、反対派（二〇代三七・三％、三〇代四七・五％）を上回っている。

また、子どもを持つにしても、子育てにどの程度のお金と手間をかければよいのかについての基準も不明確になってきた。通学可能な地域に公立学校しかなく、塾などの教育産業もそれほど盛んでない環境では、子どもを「人並み」に育てるために必要な金額や手間は、それほど過大なものではなかった。しかし、生活水準の上昇や高学歴化にともない、子どもを「人並み」に育てるのにさえ、以前に比べてより多くのお金と手間がかかるようになってきている。さらに、教育産業がめざましく繁栄し、特に都市部においては公立学校に対する私立学校の優勢が高まるなかで、子どもの教育における選択肢が格段に広がってきた。こうして、子どもが将来「よりよい」生活を送れる可能性を高めようとすれば、子育てにかけるお金と手間は際限なく増大していくことになる。

したがって、子どもを持つかどうか、持つとしたら何人持つかは、夫婦間でどのような役割分担をするのかによっても大きく左右される。子育てによりお金をかけるために世帯収入を増やそうと思えば、夫婦で共働きした方がよい。しかし、共働きをすれば、親が直接子どもに「手間」をかけて教育する機会が減少してしまう。従来、こうした家庭教育は母親の役目とされてきたため、近年でも、子どもの教育に熱心な女性ほどキャリアか子育てかの葛藤に悩む傾向にある（本田 2005a）。確かに、このように子育てが明確に妻の責任であった時代は、夫はそうした葛藤を経験することはなく、経済的な心配さえなければ気楽に「子どもがほしい」と言えたに違いない。しかし、夫も子育てに責任を負わねばならなくなれば、事情は変わってくる。夫の側も、子どもの出産が仕事や個人生活にもたらす影響を真剣に考えなければならなくなる。仕事や個人の自由な時間をより大事にしたい夫であれば、たとえ妻が出産を望んでも、自分の育児責任を回避するために出産を望まなくなる可能性さえある(沼崎 2005)。

こうして、結婚するかどうか、結婚するとすればどのような相手とどのように家庭内の役割を分担するのか、子どもは持つのか持たないのか、持つとすれば何人持って、どの程度の手間とお金をかけて育てるのか。こうした家族生活のあらゆる面に関して、社会は「答」を与えてくれず、個人に自ら選択して決断することが求められている。「サラリーマンと専業主婦と子どもふたり」はもはや「標準」ではありえず、「人並み」が何を指すのかが見えなくなってきているのである。

5 ポスト近代のサラリーマン

近代化の進展

こうして、職業生活の面でも家庭生活の面でも、サラリーマン生活は大きく揺らいできた。ウォルフレンはかつて、サラリーマンを「日本人の行動規範の目標にされる人のこと」と呼び、「サラリーマンの関心や習性はあまりにも型にはまったもの」であり、「各種メディアは典型的なサラリーマンの生活を国のすみずみにまで送り届ける」と指摘した（Wolferen 1989＝1990：287）。確かに、安定成長期までは、そうした指摘には十分リアリティがあった。しかし、これまで見てきたように、近年では「サラリーマンの生活」なるものの輪郭がぼやけつつある。サラリーマン生活は、人々の「目標」とされるほどの「典型性」を失い、多様化し、拡散しつつある。

「サラリーマン」が、日本人の「総中間層意識の重要な培養器」であり、そうした「中間大衆」を表象するものであったとすれば、サラリーマン像の揺らぎは、まさに「一億総中流社会」といわれた日本社会の階層構造が揺らいでいることの反映でもある。また、「サラリーマン」が、その正当性を通して戦後日本の男性中心社会を正当化してきた「ヘゲモニックな男性性」であったとすれば、サラリーマン像の揺らぎは、男性中心主義のもとで形成されてきた戦後日本社会のジェンダー構造の揺らぎをも意味する。さらに、「サラリーマン」が女性も含めた日本人の象徴であったとすれば、サラリーマン像の揺らぎは、「日本人らしさ」、すなわちわれわれ日本人のナショナル・アイデンティティさえも揺るがしているといえるかもしれない。

こうした、いまわれわれが直面しつつある揺らぎのある部分は、その時々の政策や歴史的なある種の偶然によって生じているのかもしれない。しかし大局的に見れば、これらの揺らぎは、脱工業化、情報化、消費化、グローバル化などをともなう近代化の進展という世界規模での社会変動の一部としてとらえる必要がある。この世界レベルでの変動については、何人もの論者が、それぞれ異なる概念を用いながらさまざまに論じているが、「近代社会が発展し、ある段階を過ぎると、かえって、社会の不安定さが増す」と見る点、「一九九〇年頃を境として、近代社会は、新しい局面に突入した」と見る点では大筋において一致している（山田 2004：18）。

例えば、アンソニー・ギデンズは、従来の近代社会に対して、現代社会を「高度近代社会（high modernity）」あるいは「後期近代社会（late modernity）」と呼び、この社会の特徴を、社会の変化の速さとその範囲の広さ、そして社会の変化が人々に与える影響の深刻さが近代社会とは格段に異なっていることに求めている（Giddens 1991＝2005）。ウルリヒ・ベックは、近代化と文明の発展は、自然環境に対してのみならず家族生活や職業生活においても危険（リスク）を増大させているとして、現代社会を「危険（リスク）社会」ととらえている。つまり、標準化された生活様式が多様化し、個人化が進行することによって、人々の生活における不確実性が高まってきているのである（Beck 1986＝1998）。ジグムント・バウマンは、現代社会の特徴がその流動性にあるとして、現代社会を「リキッド・モダニティ」（流動的な近代）と呼んでいる（Bauman 2000a＝2001）。そして、リキッド・モダン社会を生きる人々は、「リキッド・ライフ」（流動的な生活）、すなわち、「たえまない不確実性」のなかでの「不安定な生活」を送ることを余儀なくされているという（Bauman 2000b=2008）。

これらの論者の主張は、少なくとも次の三点において共通している。第一に、社会の変化のスピードが速まり、社会生活を送るうえでの伝統や規範といった「型」が消失または拡散しつつあるという点、第二に、そうした「型」の消失または拡散によって人々の生活の不確実性と不安定性が高まりつつあるという点、第三に、そうしたなかでは、人々は自らの生活のあり方の決定を社会に委ねることはできず、それを自ら選択せざるを得ないが、そうすることで、その結果については自ら責任を負わねばならなくなるという点である。これらの点は、これまで述べてきたサラリーマン生活の揺らぎにほぼそのまま当てはまるものである。

本書の各所で用いられている「ポスト近代」とは、こうしてさまざまな論者がさまざまな用語を用いながらもほぼ共通して指摘している、われわれの社会の新たなステージのことである。ただし、本書で「ポスト近代」と呼ぶ、いまわれわれが生きているこの時代は、「近代」と呼ばれてきた従来の時代とまったく切り離された異質な時代だというわけではない。ギデンズの議論（Giddens 1990＝1993：15, 70）を敷衍して本田由紀が的確に言い表しているように、「ポスト近代社会」とは、「『近代社会』からの飛躍的な転換や変異ではなく、『近代社会』の運動がもたらす必然的な帰結であるにもかかわらず、その母体となる『近代社会』とは異なる特質を備えるにいたった社会」（本田 2005b：14-15）なのである。

サラリーマン生活を理解する視点

さて、図序-1は、これまで述べてきたサラリーマン生活の揺らぎと社会的趨勢の変化に関する理解にもとづいて、本書の枠組みを示したものである。

個々のサラリーマンたちの〈ライフスタイルとメンタリティ〉は、彼らを取り巻くマクロな〈社会

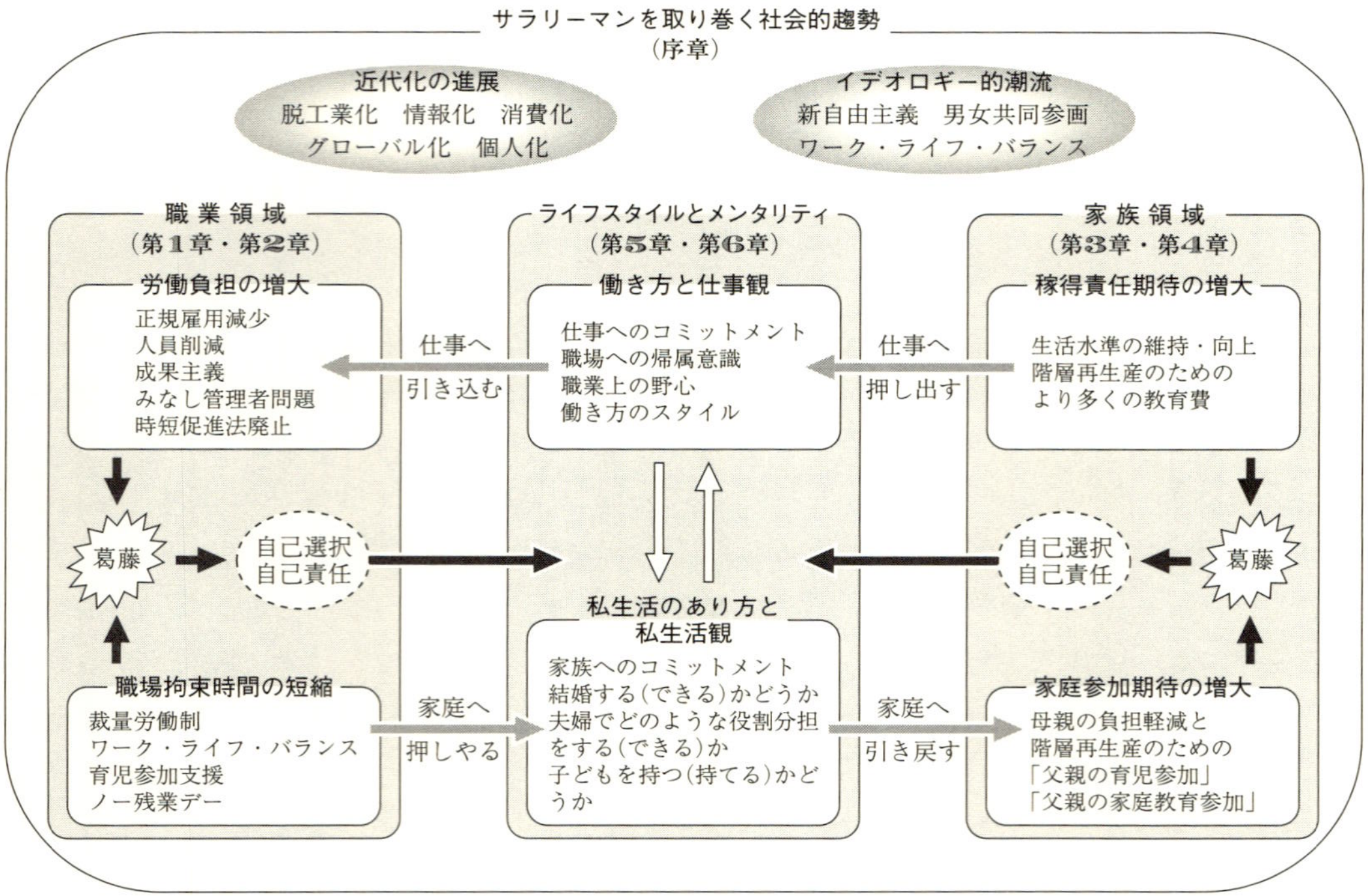

サラリーマンを取り巻く社会的趨勢
（序章）
近代化の進展
脱工業化　情報化　消費化
グローバル化　個人化
イデオロギー的潮流
新自由主義　男女共同参画
ワーク・ライフ・バランス
職業領域
（第1章・第2章）
労働負担の増大
正規雇用減少
人員削減
成果主義
みなし管理者問題
時短促進法廃止
葛藤
自己選択
自己責任
職場拘束時間の短縮
裁量労働制
ワーク・ライフ・バランス
育児参加支援
ノー残業デー
仕事へ
引き込む
家庭へ
押しやる
ライフスタイルとメンタリティ
（第5章・第6章）
働き方と仕事観
仕事へのコミットメント
職場への帰属意識
職業上の野心
働き方のスタイル
私生活のあり方と
私生活観
家族へのコミットメント
結婚する（できる）かどうか
夫婦でどのような役割分担
をする（できる）か
子どもを持つ（持てる）かどうか
仕事へ
押し出す
家庭へ
引き戻す
家族領域
（第3章・第4章）
稼得責任期待の増大
生活水準の維持・向上
階層再生産のための
より多くの教育費
自己選択
自己責任
葛藤
家庭参加期待の増大
母親の負担軽減と
階層再生産のための
「父親の育児参加」
「父親の家庭教育参加」

図序-1　現代社会におけるサラリーマンの生活環境

的趨勢〉によって条件づけられている。彼らが、そうしたライフスタイルを日々実践し、そうしたメンタリティを日々再形成する具体的な生活領域として、〈職業領域〉と〈家族領域（私領域）〉のふたつを挙げることができる。個人化が進行した現代の社会においては、〈職業領域〉においても〈家族領域〉においてもモデルとなる唯一の「型」は存在し得ない。

〈職業領域〉においては、一方で、正規雇用ポストの減少や成果主義の導入などを背景として、安定した収入を確保するためにはますます仕事にのめり込まざるを得ない状況に置かれながら、他方で、「ワーク・ライフ・バランス」や「父親の育児参加」などのスローガンのもと、家庭への回帰を促されている。このような矛盾する期待にさらされるなかで、彼らは自らの働き方を選択するよう迫られている。実際には、彼らが選択できる範囲は、労働環境や労働条件だけでなく、個人の能力や家庭の事情などさまざまな条件によって自ずと限られている。それでも、その選択の結果については個人が責任を負うものであるという考え方が支配的となっている（第1章・第2章）。

〈家族領域〉においても、彼らは矛盾した期待にさらされている。一方で、現在の「中流」としての生活水準を維持しつつ子どもたちを次世代の「中流」へと育て上げる費用を確実に得るべく、働いて稼ぐことへの期待が薄れる気配はあまり見られない。しかし他方で、男女共同参画の気運や一部でますます加熱する受験競争を背景として、父親が育児や家庭教育に参加することへの期待もますます高まっている。こうしたなかで、彼らは、家庭においていかなる役割をどの程度果たすかについての選択を迫られている。もちろん家庭生活においても、職業生活におけるのと同様に、彼らが選べる選択肢は、雇用労働環境や家庭の事情によって自ずと制限されてくる。それでも、その選択は自らが行ったものであり、その結果責任は自ら引き受けざるを得ないという社会的風潮は顕著である（第3章・第4章）。

サラリーマンの〈ライフスタイルとメンタリティ〉の様相は、こうした〈職業領域〉と〈家族領域〉それぞれにおける葛藤、選択、意味づけに光を当てることで、より深く理解することができる。個人の働き方や仕事観と、私生活（家庭生活）のあり方や私生活観（家族生活観）とが相互に影響を与え合いながら、個人のライフスタイルとメンタリティは日々再形成されている（第5章・第6章）。

もっとも、図序-1では、〈職業領域〉〈家族領域〉〈ライフスタイルとメンタリティ〉の三者が独立した領域であるかのように描かれているが、これはあくまで、本書の各章において中心的に扱ったテーマを提示するための便宜的な区分けである。実際のサラリーマンたちの生活においては、この三つの要素は互いに分かちがたく結びついているし、本書の各章においても、重点の違いこそあれ、これら三つの要素すべてが互いに関連づけて論じられている。

それでは、次章以降で、ポスト近代社会を生きるサラリーマンたちの具体的な生活状況を見ていくことにしよう。

注

（1）二〇〇一年までは二月調査、それ以降は一～三月の平均。

（2）本書の調査で比較対象者として選定された製薬会社勤務のケイコさん（三〇代前半、事例四四）がその典型である。彼女によれば、もともと勤務していた日系製薬会社には男性優位の風潮が色濃く残っていたが、その会社が米国資本の会社に買収された結果、女性を多く含む多国籍の上級管理職が次々とやってくるようになり、フォーマルな就労規則の変更から冠婚葬祭時の心付けの禁止といったインフォーマルな慣習の見直しに至るまで、あらゆる側面で職場環境が変化したそうである。

（3）本書の調査で比較対象者として選定された投資顧問会社で管理職を務めるスミエさん（四〇代前半、事例四六）からは、近年の若い男性部下たちは、女性を上司に持つことにそれほど抵抗がなくなっている反面、女性上司から叱責されると女性部下よりも打たれ弱いので、彼らへの接し方にはより気を遣っているという趣旨の発言が聞かれた。

第1章　変わる働かされ方、働き方
――労働法制の変化と自己責任の論理

東野充成

《要　約》

サラリーマンを取り巻く労働環境が大きく変わりつつある。終身雇用制や年功序列制の揺らぎが指摘されて久しいが、近年の変化はそれらにとどまるものではない。相変わらず長時間労働は常態化し、それに加えて仕事上の成果も厳しく求められる。一方で、家族的責任を果たしたいと考える男性も確実に増加するとともに、男性にも家事や育児に参加することが強く要求されるようになった。さらに、労働の自己責任化の流れは確実に強まりつつある。こうした変化する労働環境に身を置く当のサラリーマンたちはそれをどのように感じ、日々の仕事を遂行しているのだろうか。本章では、自己責任をキーワードに、近年の労働環境の変化とサラリーマンの労働の実態に迫る。

1 仕事・家庭・自己責任

サラリーマンの働き方が大きく変容している。一方で、長期化する経済不況のなかで国際競争に勝ち抜くため、労働への強いコミットメントが求められている。それは、その縮減が叫ばれているにもかかわらず一向に減らない労働時間や、結果如何によって賃金が変動する成果主義的賃金制度の拡大などによっても示されている。その一方で、男女共同参画社会の実現といった理念のなかで、サラリーマンにも家庭へ回帰することが強く要求され、また家族的責任を果たしたいと考える男性も確実に増えつつある。男性の育児休業取得率の向上やワーク・ライフ・バランスの実現を目指した取り組みは、その端的な例である。さらに、新自由主義の労働政策において、労働における自己責任を強調する立場もその影響力を増しつつある。裁量労働制の拡大や、いまだ実現こそしていないが、「ホワイトカラー・エグゼンプション」（ホワイトカラー労働者に対する労働時間規制を適用除外する制度）の導入を目指す動きは、その最たる例である。

このように、サラリーマンを取り巻く近年の労働環境を俯瞰してみると、仕事へと引き込む力と家庭へと押しやる力というふたつの大きな力がせめぎあっていることがわかる。そして、これらせめぎあうふたつの力の間に入り、それらを緩衝するがごとく、自己責任の論理が唱えられる。すなわち、「自己責任の論理が貫徹されれば、時間も自由にできて、家族的責任も果たせる」といった言説にあらわされるように、仕事と家庭というふたつの磁場の間に横たわる矛盾を解消する「魔法の杖」として自己責任の重要性が諄々と説かれることになる。例えば、近年の新自由主義的な労働改革を先導してきたひとりである八代尚宏などは、労働法制の全面的な自己責任化を大々的に訴えている（八代 1999）。

こうした労働法制の規制緩和論や労働者の自己責任論が唱えられるようになった背景には、それまでの労働者像が全社会的に通用しなくなったという点が大きい。すなわち、主として工場労働に従事し、リジッドな労働時間規制や労働安全衛生規制の適用を受け、労働組合を通して集団的に使用者と交渉することで労働条件の向上を勝ち取るという労働者像は、現実の労働者や雇用形態の多様化のなかで、ごく限られた範囲でしか通用しないものとなってしまった。その代わりに、使用者と対等に雇用契約を取り交わし、自律的な労働とひきかえに自己責任を全うする労働者像が覇権を握ることになる。したがって、保護の対象としての労働者像に立脚した既存の労働法制は、使用者ばかりでなく労働者にとってさえ足枷となる、というのが新自由主義の立論である。

しかし、労働の自己責任化をこのまま推し進めていくことに問題はないのだろうか。例えば、自己責任という考え方が労働の現場に根づいたとき、長時間労働は是正され、家族的責任を果たしたいと考える男性は誰でも育児休業等を取得できるようになるのだろうか。これまでにも、現代的な労働環境の変容と男性の家族生活とのかかわりを検証した研究は存在するが（舩橋・宮本編 2008；末盛 2010など）、自己責任論を射程に入れ、質的に検証したものはほとんどない。重要なのは、仕事と家庭というふたつの力がせめぎあい、自己責任論が浸透する現代の労働環境を、当のサラリーマンたち自身がどのように感じ、日々の仕事を遂行しているのかを彼ら自身の声をもとに検証することである。そこで、本章では、労働統計や法律、政策、判例等の動向を紹介しつつ、現代のサラリーマンを取り巻く労働環境を、サラリーマン自身の声をもとに検証することを課題とする。

2　仕事へ引き込む力

長時間労働の実態

現代のサラリーマンの労働環境を考えるうえで、避けては通れない問題が長時間労働である。特に、長時間労働への圧力はホワイトカラーの男性に顕著である。例えば、外食業界や小売業界等で問題となったように、管理職には労働時間規制が適用除外となることを利用して、名目上は管理者として処遇することによって、時間外労働の割増賃金を支払わない事例が数多く報告されている（名ばかり管理職問題）。また、二〇〇六年四月には時短促進法が廃止され、「労働時間等の設定の改善に関する特別措置法」へと改定された。これにより、全体的な時短という政策目標は事実上放棄され、労働時間の設定は労使の自主的な対応に委ねられるようになった。

実際、数多くの男性労働者が長時間労働を余儀なくされている。厚生労働省の統計によると（厚生労働省 2010b）、月間総実労働時間は、二〇〇九年分一四四・四時間と、前年に比べて二・九％減少している。しかし、これは、不況による残業時間の減少とともに（所定外労働時間の減少幅は一五・二％とかなり大きい）、森岡孝二（2009）などによって明らかにされているように、男女間で労働時間が二極分化しつつあるためと考えられる。すなわち、正規雇用の多い男性では長時間労働が固定化し、非正規雇用の多い女性では短時間労働が固定化するという事態である。したがって、非正規雇用労働者の増大が総実労働時間の減少に寄与しただけという見方もできる。実際、総務省の労働力調査を見ると（総務省 2008）、男性従業者に占める週六〇時間以上就業の割合は、三〇～三四歳で一九・四％、三五～三九歳で二一・二％、四〇～四四歳で二〇・七％、四五～四九歳で一八・五％に達し、多くは子育て期の真只中であっても長時間の労働に従事している。

本研究でインタビューした男性たちからも、長時間の労働に従事している様子を聞くことができた。特に、よく指摘されるように、国家公務員キャリア組の長時間労働には目をみはるものがある。ある中央省庁の技術系キャリア官僚であるアキオさん（三〇代前半、事例10）は、長時間労働になる理由もつけて、以下のように述べている。(1)

正規の勤務時間は午前八時半から午後五時ですが、実際に帰宅するのは通常夜中の一時か二時です。場合によっては、職場に泊まることもあります。……そこまで労働時間が長くなっているのには、理由がいくつかあります。第一に、事業に関連する法律が増えてきたので、事務処理量が増えたからです。第二に、事業を行ううえで、住民や国民の意見を聞くというステップを踏むことが求められるようになったからです。第三に、人員は削減されていますが、人手が必要な部署で削減されて、必要でないところに多く配置されるというアンバランスが生じています。第四に、パソコンの普及によってかえって資料作成や修正の業務が激増しましたし、Eメールの普及で安易に膨大な業務量の依頼をしてこられることが増えましたから。平日はもちろん、起きている時間は仕事以外の時間がない状態です。

ほかの省庁に勤務するキャリア官僚からも同様の声を聞くことができた。例えば、テルキさん（三〇代後半、事例3）は、「規則上の勤務時間は朝八時半から午後五時半までですが、定時に帰宅する人は誰もいません。……平日も夜の一二時までには帰宅できるよう、午後一〇時半には職場を出るよう心がけていますが、夜一一時を超えても仕事が終わりそうになければ、職場に泊まることもあります」と話す。さらに、別の省庁に勤務するタカオさん（四〇代前半、事例43）は、「前回所属した部署では、……月の残業時間が一〇〇時間を下ることはなくて、多いときは二〇〇時間の月もありました。現在所属している部署では、規則上の就業時間は九時半から一八時半までですが、実際の労働時間は九時半から二二時ぐらいです。……職員のなかで仕事と私生活のバランスがとれている人はほとんどいません」と語っている。

もちろん、国家公務員以外でも、長時間労働は常態化している。なかには、過労死や過労自殺の危険すら感じたことがある人もいた。福祉関係団体職員のジロウさん（三〇代後半、事例11）は、次のように話す。

去年は帰りが（夜中の）三時、四時ということもあって、はじめて精神科のクリニックにいきました。きつくて、眠れなくて、ほんと病気っていうか、死ぬかなと思うくらい追い詰められました。

こうした例は極端なものかもしれないが、少なからぬサラリーマンが一歩間違えれば過労死や過労自殺へと至ってしまうような長時間の労働に従事していることは確かである。

さらに、近年では、空間的にこそ拘束されていないが、実際には長時間の労働に従事しているに等しい、「見えない長時間労働」とでも呼ぶべき状況も生起している。例えば、大手電線メーカーで人事を担当するヨシカズさん（三〇代後半、事例６）の働き方は次のようなものである。「金曜日の社外での会合で何らかの決定が下され、その後懇親会などに行き、月曜日に開かれる社会の会議までに資料を準備しなければならないときは、土日に自宅で資料を作成することもあります」。こうした働き方は、仕事が「自然」と休日に浸潤していったもので、当の本人にとっては長時間労働と感じられないかもしれない。しかし、まぎれもなく、休日が労働に侵食されている。この点に関して、ヒロミチさんとヒロユキさんの事例に注目してみよう。

ヒロミチさん（三〇代後半、事例13）は、地方銀行のリスク統括部という部署で、貸出金の回収不能確率を算出するというかなり専門的な業務に携わっている。妻と就学前の息子、娘の四人暮らしで、経済的な不満は特にないという。

規則上は午前八時半から午後五時半までが勤務時間ですが、実際の帰宅時間は仕事の進捗次第で大きく変わってきます。基本的には夜遅いです。基本的に土日は仕事をしていませんが、知識の習得が大切なので、自宅でインターネットを使って当局の関連文書を読んだり、図書館で勉強したりしています。……特別な趣味はなく、スポーツや地域活動なども特にしていません。金融関係の知識習得が趣味になっている側面もあります。子どもがまだ小さくて、基本的に家では勉強できないことをかなり苦痛に感じています。でも、最近は、喫茶店やインターネットカフェで勉強するようになって、苦痛もかなり解消されました。

一方、ヒロユキさん（四〇代前半、事例18）は、アメリカのネットワーク会社の日本法人で統括責任者として働いており、妻と二歳の息子の三人で都内に暮らしている。働き方としては裁量労働制に近く、定時になるとすぐに帰宅して夕方に家族と食事をすることも十分可能な職場だという。ただし、ノートパソコンがひとりひとりに支給されており、決裁や人事考課を含めてほとんどすべてのことがパソコンでできてしまう。いつでも仕事ができる環境にあるだけに、気をつけておかなければ、仕事とプライベートの境目がなくなって、「二四時間仕事」という状況にもなりかねないという。

この会社の非常にユニークなところは、とりあえずメールがパッと飛んでくるんですね。で、何らかのアクションをすぐに起こさなきゃいけないということがあって。日本はもちろん、ヨーロッパからもアメリカからもメールが飛んでくる。それらを絶えずチェックする。そしてレスもしなきゃいけない。だから、パソコンは会社から家に必ず持ち帰ります。特に平日はもう、どうにもならないですね。……例えば、朝食を食べてるとき、普通は家族と会話しながら食べるんですけど、片方でパソコンを立ち上げて、メールをダウンロードしながらやるというのが習慣化しちゃってですね。

ヒロミチさん（事例13）は、「基本的に夜遅い」というものの、金融機関に勤めているので土日祝日は職場に拘束されるわけではない。また、ヒロユキさん（事例18）も「家族と過ごすことも十分可能」という。しかし、彼らの場合、結局は「勉強」や「メールのチェック」などによって、自宅も職場のような状態になっている。むしろ、非拘束的に仕事が延々と続くと考えれば、職場に拘束される時間が長い人よりも過酷かもしれない。

では、なぜこうした状況が生み出されるのだろうか。先述したような労働法制の変化もひとつの理由であろう。また、連合（2007）が二〇一〇年度までの時短取り組み方針において言及しているように、国際競争への勝利や経費の節減のため労働者の絶対数を削減し、あるいは正規雇用から非正規雇用へと人員配置を転換し、残った正規雇用労働者にそのしわ寄せがきたということも考えられる。国家公務員の場合、同じような現象が財政再建のための人件費縮減という形で顕在化する。アキオさん（事例10）はそのことにふれていた。さらに、アキオさんやヒロユキさんの言葉にもあるように、情報通信技術が発達したことにより、どこにいても仕事ができるという環境が生み出されたことも大きく関係していると思われる。情報通信技術の発達は労働負担を縮減するとの「未来予想図」が描かれたこともあったが、むしろ現実は逆へ行っているようである（佐藤 2008）。また、急激な技術革新等により知識の新陳代謝が急速に進み、常に新しい知識を摂取し続けなければならないというような背景も考えられる。こうした状況は、ヒロミチさんのいる金融業界においては、顕著であろう。

いずれにせよ、諸種の背景が絡まりあって、サラリーマンの長時間労働の常態化が生み出されるわけであるが、以下では、ヨシカズさんとヒロミチさんに焦点をあわせて、成果主義と長時間労働との結びつきに注目してみたい。すなわち、成果主義の職場への浸潤により長時間労働がもたらされる、あるいはその是正が進まないという関係である。しかし、その関係について検証する前に、成果主義とはどういったシステムなのかを簡単に確認しておく必要がある。

長時間労働と成果主義

内閣府の調査によると、管理的職業従事者の八〇％、営業従事者の七七％、専門的・技術的職業従事者の七五％、販売従事者の七三％、事務従事者の七一％で成果主義的賃金制度が導入されている（内閣府 2005a）。では、成果主義とはどういったシステムなのだろうか。ごく簡単にいうなら、「個人の業績や仕事に応じて」賃金が決まる仕組みと位置づけられる。すなわち、キャリアや年齢に応じて自動的に賃金が上昇する年功賃金制度に代えて、個々人の成果や業績に応じて賃金が決定されるシステムの導入、変更を意味する。稙山守夫によれば、成果主義の導入にともない、家族手当や住宅手当といった属人的な手当を廃止・縮小する企業も出てきたということである（稙山 2007）。

このような成果主義的賃金制度が導入された背景として、川口章は以下のように指摘している。「一九九〇年代後半からいわゆる団塊の世代が50歳代になったことで、年功賃金制度のもとで総人件費が自動的に上昇することになった。それが不況と重なり、企業にとっては賃金制度の見直しが不可避となった。そこで企業が相次いで導入したのが成果主義的賃金制度だ。成果主義的賃金制度導入の目的には、労働者間競争の刺激や公平な評価による生産性の向上があるが、年功賃金制度の見直しが重要な目的だったことは疑いない」（川口 2008：154）と。つまり、成果主義的賃金制度の導入には、人口構造の変化による人件費の抑制という強い動機づけがあったということである。

では、こうした成果主義の導入・拡大がなぜ労働負担の増大と結びつくのだろうか。本来成果主義とは結果によって個々の労働者の賃金等を決定するシステムであり、結果に至る過程は無関係のはずである。それにもかかわらず、成果主義と労働負担の増大が結びつくのには、ふたつのパターンを見出すことができる。

ひとつは、大手電線メーカーで人事を担当するヨシカズさん（事例6）に見られる例であるが、成果主義が導入されても、結局のところ労働時間の長短によってしか「成果」を測る手段が存在しないという場合である。

人事では、何年も前から「目標管理制度」が導入されて、……成果主義は色濃くなっていますが、長時間働くほうが高く評価される傾向はまだありますね。理由は、ひとつには、社風が「地道にこつこつ」ということ、それと、管理職が労働時間以外に成果を測る技術とかノウハウをあんまり持ってないからでしょうね。部署によっては、上司が帰らない限り、部下が帰れないところもありますよ。規定の勤務時間外の労働時間を自律的に調整できるかどうかは、課長とか部長の考え方とか、もともとの資質ですごく左右されますね。

つまり、長時間労働をよしとする風潮が持続する場合、あるいは労働時間の長短以外に成果を測定する方法を持たない場合、たとえ成果主義を導入したとしても、もともとの長時間労働と相俟って、労働への圧力を高める効果しか持たないということである。その結果、ヨシカズさんの場合も、「忙しいときは、夜の一一時、一二時まで残業することもあります」と語るように、長時間労働が常態化している。

もうひとつは、ヒロミチさん（事例13）に顕著な点であるが、自己実現的な志向を強く有しているために仕事に没入するというパターンである。先ほど引いたように、ヒロミチさんは、金融関係の知識を習得すること自体が「趣味」のようになり、子どものために家で勉強できないことが「苦痛」とさえ感じられていた。

もちろん、ヒロミチさんのこのような姿勢は、不断に自己教育を継続するという点で高く評価されるものであるし、ヒロミチさんがこうした「勉強」に没入していったのには、彼自身の業務とも関連がある。ヒロミチさんは、「リスク統括部」という部署で貸出金の回収不能確率を計算する「バーゼルⅡ」という、銀行の自己資本規制の新体制に対応する業務を行っている。これは、一般人どころか、銀行内でも他部署の行員には業務の詳しい内容を説明することが難しいという。こうした新規のかなり専門的な業務を行う部署に配属された以上、それに関する知識を習得することは重要な業務の一環であり、業務上求められる「成果」のひとつと位置づけられよう。しかし、ヒロミチさんの語りからは、こうした「業務上」という限定を超えて、金融に関する知識を習得すること自体がいわば自己目的化している側面もうかがえる。

阿部真大は、バイク便ライダーの調査から、好きなバイクで一旗上げたいという彼らの自己実現志向がワーカホリックに陥るメカニズムをビビッドに描き出した（阿部 2006）。また阿部の研究を受けた本田由紀は、阿部の指摘した趣味性に加えて、ゲーム性、奉仕性、サークル性、カルト性という特徴を持つ職場において自己実現型のワーカホリックが生起しやすいメカニズムを説明している。そのうえで、本田はこうしたワーカホリックが成立する背景に企業の意図が存在することを指摘し、それを「〈やりがい〉の搾取」と呼んでいる（本田 2008b）。これらの研究は若者を対象としたものであるが、自己実現という甘美な言葉に容易に転換されうる成果主義が浸潤していく労働現場においては、大人たちの世界でも自己実現型のワーカホリックが成立しうる危険性に留意する必要がある。

さて、こうした成果主義のシステムには、近年強い反省も加えられるようになってきた。二〇〇八年の『労働経済白書』は次のように指摘している。「バブル崩壊後、企業は年功型賃金制度を見直し、業績・成果主義を強めたが、業績・成果の評価基準に曖昧さがあり、労働者の納得感は低下するとともに、労働者が短期的な成果を追求する傾向も強まった。こうした中で労働者の働きがいは低下していると考えられ」ると（厚生労働省 2008a：210）。実際、二〇〇九年に発表された厚生労働省の調査では、社員の基本給を決める際に重視する主な要素として「業績・成果」を挙げた企業は四六・六％で、二〇〇一年の調査に比べて一五・七％減少した（厚生労働省 2009b）。さらに、森岡孝二によって紹介されているように、労働政策研究・研修機構の調査では、従業員に職場の変化をどのように感じているのかを尋ねたところ、「精神的ストレスを訴える社員が増加した」「進捗管理が厳しくなった」「残業が増えるなど労働時間が増加した」といった項目で、肯定的な回答が高い割合を占めた（森岡 2009：93）。つまり、成果主義の導入が仕事への圧力を高める方向に作用しているのである。その意味で、電線メーカー人事担当のヨシカズさん（事例6）の語りは、現代日本のサラリーマンの状態を典型的に示すものと位置づけられるだろう。

その一方で、銀行員のヒロミチさん（事例13）のように、求められる成果を自己実現へと転用する者も存在する。成果を出すためには、常に新しい知識を摂取し続けなければならない。特に変動が激しく、高い専門性が求められる業種や業界においては、自己教育的に知識を摂取しつづける必要がある。知識の習得が「趣味」となったヒロミチさんの働き方は、そうした意味では現状に適応したものである。しかし、それは自己実現型のワーカホリックを生み出す素地ともなりうるものである。こうして成果主義の拡大は、どちらのパスを通っても際限のない労働負担をもたらすものとなる。

3　家庭へ押しやる力

ワーク・ライフ・バランス施策の展開

現代のサラリーマンには仕事へと引き込む力が強く働いている一方で、次世代育成や少子化対策、男女共同参画といった大義名分のもと、育児休業の取得推進やワーク・ライフ・バランスの充実など、仕事から家庭へと押しやる力も強力に作用している。また、家族的責任を果たしたいと考えるサラリーマンも確実に増えつつある。実際、近年の労働政策は、男性労働者を家庭へと押しやる方向にも強力に推進されている。

一九九二年に施行された育児休業法（のちに育児・介護休業法）では、性別にかかわりなく、育児休暇や介護休暇、看護休暇が取得できることが明文化され、使用者には労働者の配置に際して家族生活へ配慮することが義務づけられた。さらに、二〇〇九年の改正では、夫婦で育児休業を取得する場合には子どもが一歳二ヶ月になるまで休暇が取得できるなど、父親の育児休業の取得を促す施策も導入された。この改正では同時に、育児に専念できる配偶者がいる労働者を労使協定によって育児休業の対象から除外することを認めていた規定も廃止された（辻村 2009参照）。一九九五年には、ＩＬＯ第一五六号条約、いわゆる家族的責任条約が批准され、労働者の家族生活へ配慮することが一種の国際公約となった。二〇〇五年に施行された次世代育成支援対策推進法では、「次世代育成に取り組んでいる企業」と認定されるためには、「男性の育児休業取得者数が一名以上いること」が求められている（松原 2008）。ほかにも二〇〇七年に制定された労働契約法は、労働契約当事者が仕事と生活の調和に配慮した労働契約を締結することを求めている（和田 2008）。このように、近年の労働法制を概観してみると、男女がともに仕事だけでなく家庭にも積極的にかかわれるよう法整備が展開されてきた。

こうした傾向は、近年の少子化対策等にも端的に反映されている。一九九九年に策定された「新エンゼルプラン」では、「ファミリーフレンドリー企業」（仕事と育児・介護とが両立できるようなさまざまな制度を持ち、多様かつ柔軟な働き方を労働者が選択できるような取り組みを行う企業のこと）の表彰が開始されるなど、企業に労働者の家庭生活への配慮を求める志向が明確に打ち出された。二〇〇二年の「少子化対策プラスワン」では、残業時間の縮減や短時間正社員の普及など、それまで子育て世帯中心、あるいは子育て中の女性中心だった施策が、子育てをしていない世帯や男性も含めてあらゆる層を対象としたものへと拡充された。こうした志向は、その後の「子ども・子育て応援プラン」や一連の「ワーク・ライフ・バランス」施策にも連綿と受け継がれている。果たして、少子化対策と労働政策や雇用政策を一緒くたにしてよいのか、少なくとも筆者は疑問を感じるが、法律や政策を概観する限り、男性労働者に家庭へ回帰するよう促す力が強力に働いていることが見て取れる。すなわち、現在の日本の男性労働者たちは、一方で家庭へと引き込む強力な磁場のもとにも置かれているのである。

こうした状況のなかで、家族的責任を全うしたいと考える男性も確実に増えてきた。例えば、厚生労働省の調査によれば、育児休業を取得したいと考えている男性労働者は約三割に達するという（厚生労働省 2008b）。確かに、男性の育児休業取得率は、平成二一年度には過去最高を記録したとはいえそれでもわずか一・七二％にとどまっており、男性の育児休業取得者はまだまだ少数である（厚生労働省 2009c）。これは、実際の取得に際しては、家計の問題や復職後の賃金や昇進、配置の問題、経営者や管理職、同僚の意識、代替要員の確保の難易性などさまざまな要因が複合的に関係しているためと考えられる。それでも、意識面において育児休業を取得したいと考える男性が約三割にも達しているという点は、やはり特筆に価する。

裁判においても、父親の育児という点を考慮した判決も見られるようになってきた。明治図書出版事件判決（平成一四年一二月二七日、東京地裁、労働判例861号69頁）によれば、夫の転勤命令にともなって生じる、アトピー性皮膚炎の子どもの育児にかかる不利益は、通常甘受すべき程度を著しく超えるものであるとして、転勤命令の無効が言い渡された。北海道コカコーラボトリング事件判決（平成九年七月二三日、札幌地裁、労働判例723号62頁）においては、精神障害の疑いと言語運動障害を患った娘姉妹を抱える男性への転勤命令が無効とされた。これらの事例の場合、子どもが病気を抱えているという特段の事情があるものの、育児を理由として男性労働者の転勤命令が無効とされたことは、やはり特筆に価する。こうした判決は、ワーク・ライフ・バランスを中核的な概念として設定するべく、配転法理のあり方にも影響を及ぼしつつある（中内 2008）。

育児休業をとるためには

では、当のサラリーマン自身は、こうした風潮や力の存在をどのように認識しているのだろうか。本書の対象者のなかにも、育児に積極的にかかわっている、あるいはかかわりたいと考える男性は実際に存在する。例えば、大手通信系企業に勤務するタカヒロさん（三〇代前半、事例35）は、現在、妻、一歳の娘、妻の両親と同居しているが、育児にも積極的にかかわり、しかもまったく苦にならないという。育児の内容も、子どもと遊ぶだけでなく、風呂に入れること、ミルクをやることなどかなり本格的なもので、本人は「何でもできる」といっている。第**3**章でさらに詳しく論じられるが、こうした育児に対する前向きさ、あるいは男であっても育児をすることをもはや当然と考える思考は、現代のサラリーマンたちのなかに確実に存在する。

その背景はさまざま考えられるが、やはりこの間男女共同参画施策が進展してきたことが大きいだろう。タカヒロさんが勤務する大手通信系企業では、専門部署を設立するなど、社をあげてダイバーシティ（個々人のライフスタイルにおける多様性を尊重すること、またそのための制度）の推進に力を入れているという。また、セクシャル・ハラスメントやセクシャル・マイノリティの問題解決を専門的に担当する部署もあるという。実際、育児休業を取得した男性もいるとのことである。こうした気運の盛り上がりに、先述したような男女共同参画施策とそれにともなうジェンダー平等意識の高揚がかかわっていることは間違いないだろう。内閣府の調査を見ても、「夫は外で働き、妻は家庭を守るべきである」という考え方に反対する者の割合は、調査年度ごとに増加し、二〇〇九年の調査では、「反対」と「どちらかといえば反対」をあわせて五五・一％に達している（内閣府 2009a）。

しかし、こうした前向きさが確実に醸成されてきている一方で、育児休業などところうにもとれない状況にある人たちもいる。ここでも国家公務員など公的機関に勤務する男性において、育児休業を取得することに対する否定的な認識が目立った。

育児休業をとるなんてぜんぜんありえない。資格を持っている技官なら、子どもを産むかどうかの選択は可能です。役所を辞めても次の職が見つかりますから。出産で休めばそこでキャリアが終わってしまいます。育児で、法令をつくるために夜中の二時、三時までかかる仕事ができないような人材は、役所としたら要りません（シンスケ、四〇代前半、事例42）。

ここでは、男性職員はもちろんのこと、女性職員でさえ育児休業を取得することの難しさが語られている。ほかにも、公的機関に勤務する男性からは、現在の勤務上、育児休業を取得することの難しさを示す声がよく聞かれた。例えば、防衛省に勤務する人物は、「男性自衛官で育児休業を取得したという話は聞いたことがないですね。……明らかに私生活を仕事に従属させる生活を強いられていますす」と述べている。また、外務省に勤務する人物も「職員のなかで、仕事と生活のバランスが取れている人はほとんどいません。……業務の性質上、育児休業取得が難しい部署もあります。たとえ子どもが病気になっても、外遊関連の出張への同行業務だったら、決して休むことはできません」と語っている。放送局勤務のサトシさん（三〇代前半、事例48）や私立高校勤務のコウジさん（三〇代後半、事例24）などからも同様の声が聞かれた。

では、なぜ彼らは育児休業の取得に対して否定的な認識を示すのだろうか。それは、端的にいって、勤務が忙しすぎるからである。また、中央官庁のキャリア官僚たちの言葉に示されているように、仕事に生活を従属させることを暗黙のうちに求められている、あるいは求められていると本人が考えているからである。したがって、彼らも男性が育児休業を取得すること自体を否定しているわけではなく、労働時間や人事の柔軟化、職場における風潮の変化など外在的な条件が変化すれば、育児休業を取得する可能性も皆無ではなくなるわけである。

ただし、それと同時に、男性が育児休業を取得するためには、もうひとつのハードルを越えなければならない。ここで、大手信託銀行に勤めるトオルさん（三〇代後半、事例9）と、外資系ネットワーク会社に勤めるミキオさん（四〇代後半、事例49）の言葉に耳を傾けてみよう。

休みを取ることに関しては、うるさくいう社風ではありません。仕事に支障をきたさなければ、男性社員が子どもの世話なんかで休むことも問題ないです。残業や出張も、形式上は上司の命令によりますが、現実的には個人の裁量で行えるので、顧客にさえ迷惑がかからなければ、休んだり、代わりの人に交代してもらったりすることも可能です。顧客に迷惑をかけるかどうかが、最も重要なポイントです（トオル、事例の傍点部は筆者による。以下同様）。

全然いいと思うんですよ。別に会社として容認してますからね。あとはだから、周りの人がこう快く送り出してくれるっていうんですかね。だからそこは、普段からの付き合いとかね、仕事のやり方であったり、そういうところですかね。自分の考え方としては、基本的に家事は分担すべきですし、とらざるを得ない状況であれば、周りと相談して取得を考えます。でも、制度だからとりますといっても、周りがやっぱり認めてくれなければ、仕事がなくなっちゃうわけなので、その時々の人間環境であったり、職務の環境だったり、それによってかなり違ってくるんじゃないでしょうかね（ミキオ）。

ここで、育児休業に対する姿勢には重大な前提条件が付されていることを見逃してはならない。トオルさんにおいては「仕事に支障をきたさないこと」「顧客に迷惑をかけないこと」が、ミキオさんにおいては「周りが認めること」が育児休業を取得するための前提となっている。逆にいえば、仕事に支障をきたしたり、顧客に迷惑をかけたりするサラリーマンは、育児休業を取得すべきではないと考えているということである。もちろん、育児休業は法律で認められた権利であり、「権利の行使にあたって顧客へ迷惑をかけることとは無関係である」「顧客への対応や儲けを出すことはあくまでも経営者の責任である」という反論も成り立つ。法律論の文脈から見れば、こうした考え方のほうが正しい。しかし、当のサラリーマン自身が、右に述べた前提条件のうえではじめて育児休業を取得可能であるという意識を形成しているということが重要なのである。

武石恵美子は、育児休業という制度があっても利用が進まない原因を、①従業員の制度に対する認知、②両立支援制度と人事政策との整合性、③制度利用を妨げる職場の状況に求めている（武石 2008）。また、森田美佐は、「男性が育児休業をとるかという意思決定にプラスの影響を与える」要因として、現在の家事や育児の分担に対する不公平感や子どもの成長に向き合うことの喜び、仕事以外の場に人生の価値を見出せるかどうかといった点を指摘している（森田 2008：202）。確かに、育児休業に対する認知度を高めていくこと、職場の理解を深めていくこと、仕事以外の価値を見出していくことなどは、男性の育児休業取得を後押しするものだろう。しかし、問題は、外在的な条件が整い、こうした意識が形成されたとしても、そのうえに仕事上の責任をある程度全うしているかどうかという点がさらに付加されて、はじめて育児休業取得への途が拓かれるということである。つまり、育児休業の取得という法律上認められた権利を行使するだけでも、その前提として、自己責任を全うしているかどうかが問われるのである。成果と責任を強調する働き方が慫慂《しょうよう》され、家庭へ帰ろうにも、責任を全うしていることが要求される。どうやら、互いに現代のサラリーマンを引き寄せようとする仕事と家庭というふたつの磁場は、自己責任という要で結節しそうである。

4　緩衝材としての自己責任

労働の自己責任化

現在それへの反省が試みられているとはいえ（五十嵐 2008）、近年の労働政策の根幹を担ってきた考え方が新自由主義である。つまり、それまでは強力な公的規制がかけられてきた労働法制の分野においても、政府の関与をできるだけ排除し、自己決定による選択と競争を、そして競争の結果に対する自己責任を本旨とする新自由主義が浸潤してきたのである。

例えば、労働時間に関する側面として、労働者自身が一定の範囲内で始業時間や終業時間を自由に決定できるフレックスタイム制の導入（労働基準法第32条の3）や、一年単位変形労働時間制の導入などが挙げられる。変形労働時間制とは、「一定の期間を単位として期間中の週平均労働時間が週の法定労働時間を超えないことを条件として、一週あたりの規制時間（40時間）あるいは一日あたりの規制時間（8時間）を超えるときがあっても、それを許容する制度」（穐山 2007）であり、原則は一ヶ月単位であるが、一年単位の設定も一九九三年の労働基準法の改正によって認められた（労働基準法第32条の4）。こうした制度の導入によって、労働者が自己責任の下で労働時間を調整できる余地は大幅に拡大した。

一方、裁量労働みなし制の導入とその拡大も労働の自己責任化を推し進めた顕著な例である。裁量労働みなし制とは、「基本的には使用者が本来の時間管理をせず、具体的な仕事のやり方や労働時間の配分や総労働時間などを労働者にまかせるもの」（稙山 2007）であり、専門業務型と企画業務型に分類される。このうち、専門業務型のほうは、研究開発やデザイナー、弁護士など、いわゆる専門職を対象としたもので、裁量労働制になじみやすい。一方、企画業務型とは、「対象業務を適切に遂行するための知識、経験等を有する労働者」（労働基準法第38条の4第1項2号）を対象としたもので、一九九八年の労働基準法の改正によって導入された。条文を一瞥してわかる通り、その適用範囲はきわめて広く、あいまいである。こうした制度を導入するためには、厳しい要件・手続を経なければならないが、この制度によって労働者の自己責任に委ねる領域が拡大しつつあることは間違いない。

そのほかにも、先ほど紹介した時短促進法の廃止、職業紹介事業の原則自由化、派遣業種のネガティブ・リスト化、女性保護規定の原則的廃止、外国人労働者の受入れ規制の緩和、労働契約期間の上限緩和など、それまでの労働市場にかかる強力な公的規制を緩和し、使用者の裁量を拡大し、労働者個々人の選択と競争を促す方向へと全体的にシフトしている。もちろん、法的な要請ではないが、成果主義の導入も新自由主義的な志向が日本の労働現場に浸潤しつつあることの証左である。こうした新自由主義を支える論理が、自己責任の論理である。すなわち、労働者は自律的に自己決定権を行使し多様な働き方を選択できるとともに、競争に敗れた者、あるいは競争に参加できなかった者は、その責任を自ら引き受けなければならない。近年の労働政策を概観するとき、そこには自己責任の論理が通底している。

自己責任という「隠れ蓑」

自己責任論に対しては、学説において批判的な視点にさらされることが多い。すなわち、自己責任という名の下で個人に責任を転嫁し、ほんとうに責任をとるべき主体（政府や企業など）の責任逃れを隠蔽しているといった批判である。たとえば、本田（2008b）の論は、若者の自己実現志向を搾取する企業体制を批判するという点で、こうした視点に立脚している。確かに、理論上こうした視点を確保することは重要であるし、筆者自身も与するところは大きい。

しかし、重要な点は、自己責任が要求される労働環境において、当のサラリーマン自身がどのような認識を持ち行動しているのかである。学説における批判とは対照的に、自己責任論に親和的な認識を示すサラリーマンは少なくない。

例えば、大手家電メーカーの生産管理部門で課長級の地位にあるシュウタロウさん（三〇代後半、事例16）は、次のように述べている。

どっちかっていったら僕は、業績主義、能力主義が公平というふうに考えるタイプなんですね。日本はもう経済的に成熟した国なので、昔のようにみんなが仲良しでやっていると、あっという間につぶれる。優れたリーダーが引っ張っていく方が結果が出るし、それである程度は底上げもできるでしょう。

また、大手証券会社の研究所で、証券アナリストが書いたレポートを翻訳して国内外に配信する業務の統括をしているマサヒロさん（四〇代前半、事例17）は、競争に敗れた人々に敗者復活のチャンスを用意したり、成功できなかった人でも健康で最低限の生活ができる物価の水準なり治安なりの安定をはかっておくことは政治の責任であるとしたうえで、次のように述べている。

証券業界にいるからかもしれませんが、同じ業界のなかでも、業績が伸びる会社と駄目になる会社というのはあるわけですよ。駄目になった会社は、当然、駄目になるべくしてというか、何らかの理由があって駄目になってしまったわけですから。その証券市場では、その会社の株が売れて安くなる。伸びている会社は高くなる。こういうことが結果として起こってしまうのは、もうしょうがないと。個人レベルでもそうだと思います。だから、機会は平等、結果はそうでないというのは、しょうがないよねと。

しかし、こうした自己責任論に親和的なスタンスでの労働への志向が、際限のない労働負担へと容易に転化されることは、先に記した通りである。そうした意味で、自己責任批判にはやはり汲むべき点が多い。実際、ヒロミチさん（事例13）においては、「趣味」という名の労働が生活を浸食する一端がうかがえた。

また、仕事へ引き込む力と家庭へ押しやる力という二つの力関係と、自己責任の論理との関係を考えてみたときにも、自己責任論には看取しがたい点が見受けられる。直感的にわかる通り、仕事へと引き込む力と家庭へと押しやる力は二律背反する。個々人にとって時間が有限である以上、仕事へと没入すれば家庭は蔑ろにされ、家庭を顧みれば仕事は疎かになる。通常このような排他的な関係が想定される（第3章参照）。しかし、これら二者の力を巧みに調整するのが自己責任の論理である。つまり、仕事と家庭という、現代のサラリーマンを引き裂くふたつの力を緩衝する働きをするのである。例えば、育児休業は男性を家庭へ押しやる代表的な制度であるが、トオルさん（事例9）やミキオさん（事例49）は、周りに迷惑をかけなければ、男性でも育児休業を取得してよいと考えていた。逆にいえば、男性が育児休業を利用するためには、仕事上の責任を全うしなければならないわけである。こうして、育児休業という本来的には仕事の継続を中継させる制度も、自己責任の論理に緩衝されることによって、うまく仕事のなかへと組み込まれていくことになる。

しかしながら、それは、育児休業という制度を活用しようと思えば、一時的であれ、より強く仕事にコミットしなければならないということも意味する。本来労働時間の長短とは無関係な成果主義の浸潤が労働負担の増大をもたらすように、自己責任論に立脚した育児休業制度も、一時的であれ労働者をより仕事へと引き込む作用をもたらすことになる。こうして自己責任の論理は、仕事と家庭というふたつの磁場を調整しつつ、結局はサラリーマンを仕事へと引き込んでいく。このような関係を見たとき、やはり自己責任論はサラリーマンを仕事へと引き込むための「隠れ蓑」となっているようである。

自己責任論の落とし穴

以上、近年の労働統計や労働政策等の変遷を紹介しつつ、仕事、家庭、自己責任という観点から、現代サラリーマンの労働の実態を見てきた。もちろん、ここで取り上げた人たちは、非正規雇用労働者に対する突然の解雇や「ブラック企業」と呼ばれる劣悪な労働環境で働く人たちなど、現代の労働を取り巻くより過酷な現実と比較したとき、働く場所があるだけで「恵まれた」環境に位置しているのかもしれない。そうした彼らでさえ、長時間労働を余儀なくされ、成果主義に縛られ、本来労働者の福利やワーク・ライフ・バランスの充実をはかるため用意された制度を活用するためには、より強く仕事にコミットしなければならないという状況が存在する。

本章では、こうした状況をもたらす背景を自己責任の論理の浸透という点に求めて、分析を試みた。サラリーマンの働きすぎが指摘されて久しい。しかし、それは、景気の変動や、グローバリゼーションや情報化の進展といった外在的な要因のみによって説明しつくされるわけではない。そこでは、「責任を全うしなければならない」という論理、すなわち個人内的な志向と外在的な要因とが複合的に作用しあっている。また、男性が十分に家族的責任を果たせないのも、決して制度が満足に整っていないからだけでも、経営者や管理職の意識が低いからだけでもない。むしろ「自発的」に「周りに迷惑をかけていないか」「自分は育児休業を取得できるほど責任を果たしているのか」と考えるからこそ、そうした制度の活用に二の足を踏むのではないだろうか。こうした状況にかんがみれば、自己責任論の見直しという今後の課題に逢着する。

そもそも労働法や労働政策の領域は、自律的に自己決定する労働者と使用者、ひいては資本に従属する労働者という、ふたつの労働者像・人間像に立脚して構築されてきた。この間の新自由主義の労働改革は、前者の側面を前面に打ち出し、労働法制の規制緩和を進めてきたわけである。しかし、西谷敏が述べるように、労働契約にはそもそも「他人決定性」「従属性」が内包されている以上、それらを無視する規制緩和論や自己責任論は、労働者の保護という側面をあいまいにし、労働における秩序そのものを打ち崩す危険性がある（西谷 2008）。自己責任論の見直しと労働規制の再構築がなければ、男性労働者の長時間労働の是正もワーク・ライフ・バランスの充実も画餅に帰しかねない。

注

（1） 本章では、中央省庁に勤務する対象者については、プライバシー保護のために、あえて誰がどの省庁に勤務しているか特定できないような記述にしている。次章以降も同様である。

第2章　キャリアパターンの持続と変容
――「新人類」世代以降の事例から

村田陽平

《要　約》

戦後の家族体制において「サラリーマン化」してきた男性のライフコースのあり方は、現代の多様化・流動化する社会では大きく変容している。また、高度成長期以降、多くの人々に共有されてきた、「頑張れば、いまより未来は豊かになる」という希望のあり方も、今日の低成長時代では過去のものになりつつある。本章では、戦後の社会経済体制が大きく変化しはじめた一九八〇年代後半以降に仕事を始めた新人類世代以降の男性たちのキャリアパターンと意識に注目する。この世代の男性たちは、旧来の価値観を内面化しつつも、就職して比較的早い時期に、グローバル化という社会変動の影響を少なからず受けており、その価値観は必ずしも画一的でない。この世代の男性の生活事例を通じて、彼らの労働／生活意識およびキャリアパターンの持続と変容の様子を検討し、混迷する労働・生活環境における男性のアイデンティティの様相を確認するとともに、新たなライフコース像を模索したい。

1 「格差社会」の到来と男性のライフコース

グローバル化にともない、日本の社会経済が急速に流動化する一方、国内の主要な雇用問題として、世代によって、その後のライフコースのあり方が少なからず影響を受けるという問題がクローズアップされつつある。

香山リカは、就職氷河期（一九九〇年代中頃から二〇〇〇年代前半）に大学卒業を迎えた一九七〇年代生まれを「貧乏クジ世代」と呼ぶ（香山 2005）。香山によれば、第二次ベビーブーム世代に重なるこの世代は、教育をうけたバブル期には「頑張れば幸せになれる」と熾烈な受験戦争と格闘したが、大学卒業期には平成不況の煽りをうけた就職氷河期に遭遇し、採用が激減するなかで就職活動を行わざるを得ない状況に陥った。その結果、彼らは、将来に対して悲観的、無気力となり、「ありのままの自分を好きになれない」と内向的に「自分探し」に閉じこもる傾向にあるという。

このような世代は、「失われた世代」（ロスト・ジェネレーション）とも社会的に称され、世代間格差は社会問題のひとつになっている。この構造を生み出す背景には、日本の就職形態は、依然として「新卒」を重視する傾向が強く、いったん卒業して「既卒」になると、新卒に比べて就職機会の選択肢が狭まるため、就職時期の景気の状況に左右されることが挙げられる。また、労働組合の強い大企業を中心に年功序列型の終身雇用制度が温存されており、これに属する正規社員の雇用を容易には調整できないため、企業収益の低下による人員整理のしわ寄せは非正規社員の雇用に集約される傾向にある。そのため、非正規雇用層の生活が不安定化するものの、社会全体として雇用の流動性は必ずしも生まれていない。

玄田有史は、中高年層の既得権益が若年層の雇用を奪っており、若年層で賃金格差以上に仕事格差が生じていると指摘する（玄田 2001）。本田由紀らは、雇用から離れ、教育も職業訓練も受けていない若者を指す「ニート」は、本来、社会構造全体の問題であるにもかかわらず、若者の自己責任の問題に転嫁されていると批判する（本田他 2006）。不安定な雇用形態のため働いても生活が安定しない「ワーキングプア」の問題（ＮＨＫスペシャル『ワーキングプア』取材班 2007）や、大学院修了という学歴を有しても仕事がない「高学歴ワーキングプア」の問題（水月 2007）などのように、低所得者層の生活が、「貧困」というレベルまで至っているという問題も注目されている（湯浅 2008、湯浅他 2009、雨宮他 2009、森田・雨宮 2009）。経済協力開発機構（OECD）の『二〇〇六年版対日経済審査報告書』では、勤労世代の貧困率（生産年齢人口の所得分布の中央値の半分に満たない人の割合）が、先進国で第一位のアメリカ（一三・七％）に続き、日本は僅差で二位（一三・五％）であると報告された。

従来は「一億総中流」と称された日本が、「経済格差」（橘木 1998）、「健康格差」（近藤 2005）、「教育格差」（橘木・八木 2009，増田 2009）、「希望格差」（山田 2004）などのように、「格差」が多くの次元で生じている国へと変化しつつあるといえる。このような社会の閉塞状況に対して、フリーターの立場から、「日本は若者を見殺しにする国」であるとして、将来／現在の絶望を打破するための戦争論を展開する刺激的な著作まで生まれている（赤木 2007）。

もちろん、経済の停滞による格差の問題は、世代間に限られるものではない。若年層に限らず、企業の業績不振による人員削減（リストラ）、中小企業の倒産の増加による失業の問題は、中高年層にも少なからず危機的な事態を及ぼしている。日本では一九九八年以降の自殺者数が一〇年連続で三万人を超え、自殺率（人口一〇万人当たり二四人）は、世界的にもワースト10に入るという深刻な事態になっており、とりわけ中高年層の男性の割合が高い（内閣府 2007b）。また、うつ病などメンタルヘルスの問題もこの一〇年で急速にクローズアップされるようになっており、日本ではかつてと比べてより多くの人々が希望を見出せずに居場所を喪失している状況にあるといえるだろう。

二〇〇六年に英国の社会心理学者エードリアン・ホワイトらが実施した「世界幸福地図」の研究では、各種国際機関（ユネスコ、ＣＩＡ、ＷＨＯなど）の報告書を分析した結果、日本の「国民の幸福度」は一七八ヶ国中九〇位であった（White 2006）。また、約一〇〇ヶ国・地域を対象とした「世界の価値観調査」における幸福度では、日本は四三位に過ぎなかった（World Values Survey 2009）。国内の一〇代の若者を対象とした「全国青少年意識調査」では、「日本の将来は明るいと思うか」という設問に対して、「暗い」「どちらかというと暗い」という回答が約七五％を占め、「今の日本は、努力すれば、だれでも成功できる社会だと思うか」という問いに対しても、約七五％が「Ｎｏ」と答えたように、幸福や希望を感じづらい意識が蔓延している（読売新聞社 2003）。

戦後の日本経済が右肩上がりの時代には、「成長／発展」や「頑張れば、いまより未来は豊かになる」という希望が多くの人々に共有できるものとしてあったが、今日の社会ではそのような希望の持ち方では幸福感を得られないようになっているといえる。特に男性は、戦後の家族体制において、女性の主婦化に対して、「サラリーマン」としての一元的なライフコースを想定されてきたが、そのようなサラリーマン・モデルは今日の男性にとって必ずしも重要な意味を持たなくなってきている（序章参照）。このような社会背景をふまえると、今日の多様化・流動化する社会で、いかなる新たなライフコース像を構築すれば、男性が希望を見出せるのかが大きな課題だといえる。

そこで、本章では、日本の社会経済体制が大きく変化しはじめた一九八〇年代後半以降に仕事を始めた男性たち（新人類世代以降）のキャリアパターンと意識に注目したい。新人類とは、一九八四年にパルコのマーケティング情報誌『アクロス』によって名づけられた世代であり、一般的には一九六一年から一九七〇年生まれを指す。新人類世代およびそれ以降の男性たち（団塊ジュニア世代＝一九七一年～一九七四年生まれ・ポスト団塊ジュニア世代＝一九七五年～一九八二年生まれ）は、旧来の価値観を内面化しつつも、就職して比較的早い時期に、ポスト近代化という社会変動（序章参照）の影響を少なからず受けており、その価値観は必ずしも画一的でない。第2節では、従来のキャリアパターンが持続している傾向にある国家公務員の労働／生活意識の事例を紹介し、第3節では、変容する新たなキャリアパターンの事例として、転職経験を有する男性の労働／生活意識を紹介する。彼らの働き方やライフコースなど生活史、主観的世界の検討を通じて、男性のアイデンティティの揺らぎが垣間見られるとともに、混迷する労働環境やワーク・ライフ・バランスなどの問題に何らかのヒントが得られるのではないかと思われる。

2　持続するキャリアパターン――国家公務員の労働／生活意識

日常化する長時間勤務

調査対象男性の生活事例を検討すると、中央省庁は旧来のサラリーマン・モデルが最も温存されている職場のひとつであることがうかがえた。ここでは、霞が関で国家公務員として働いていた八名の対象者のうちのふたり、シンスケさん（四〇代前半、事例42）とヤストさん（二〇代後半、事例54）のライフコースを見ていきたい。シンスケさんは、「新人類世代」の理系キャリアであり、ヤストさんは、「ポスト団塊ジュニア世代」の文系キャリアである。

シンスケさんは一九六〇年代中頃に、東洋系外国人の父と日本人の母の間に「ダブル」として生まれた。日本の外国人コミュニティで育ち、幼稚園から中学校まで外国人学校で学び、高校から日本の学校に入った。外国人学校では皆が「自己」をしっかり持っていたのに対して、日本の高校では個性があまり見えなかったので、その違いにカルチャーショックを受けた。また、彼の育ったコミュニティには当時「ダブル」は少なく、日本人からも外国人からもいじめられた経験が彼のアイデンティティの構築に大きな影響を与え、両国の文化を自分のなかで融合させようとしているが、日本社会ではどちらかを選ばざるを得ないときが多くて辛いという。

技術職に進めば、技術者としてアイデンティティを一元化し、あいまいな文化の問題を回避できると考え、国立大学の医学部に進学し、医師免許を取得したものの、病院の臨床勤務は肌にあわず、研究の道に進んだ。一九九〇年代後半から国の研究機関に勤め、現在は、霞が関の中央省庁で課長補佐として勤務しているが、職場は人員不足のため、仕事量は膨大であるという。

課題は山のようにありますが、予算や人を減らしているからどんどん大変になっています。公務員を減らせといわれますが、逆に仕事量、課題は増えて対応できていません。管理職ばかりで係員が少ないから、係長や課長補佐も係員の仕事をしないと駄目。昔はあった効率的な組織ラインがなくなっていて、コピーなども含めて全部自分で資料を作っています。

彼が勤務する省庁では、面接時前の半年間に、二〇代、三〇代あわせて一〇人近くが将来性を見出せずに辞めたが、補充しようとしても人が集まらないため、常に人員不足であるという。そのため、職務を兼任する人が多くなっているが、各課によって懸案事項は異なるので、兼任業務は個人の能力を超えることが多く、扱いきれない件案が出る事態になっている。

一方、ヤストさんは、一九七〇年代後半に関西で、銀行員の父とパート勤務の母の間に生まれた。高校まで地元の公立学校で学び、一浪して国立大学の経済学部に入学した。大学院の修士課程を修了した後、霞が関で国家公務員として働きはじめ、現在は係長の職にあるが、その勤務はかなりハードなものである。

生活リズムがもうぐちゃぐちゃ。今月電車で帰ったのは一回で、あとは（終電までに仕事が終わらないので）全部タクシー。残業が月に二四〇時間ぐらい。前の課でも忙しいときは二〇〇時間超えていて、月曜日から金曜日まで一日も家に帰ったことがない週もありました。予算の関係上、残業代は半分ぐらいしか付いていません。

シンスケさんと同様に、ヤストさんも残業が極端に多く、肉体的にも精神的にも厳しい労働環境にあると語る。二〇〇八年に、霞が関国家公務員労働組合共闘会議（霞国公）が行った「残業実態アンケート調査」（一二組合対象、回答四六一七人）によると、残業の原因は、「業務量が多いため（定員不足）」という回答が六四・二％と最も高かった。残業が過労死の危険ラインといわれる月八〇時間を超える人は九・三％と、約一〇人に一人を占めた。また、八〇時間以上の残業があったと答えた職員のうち、一七・八％が「現在、過労死の危険を感じている」と回答し、三六・三％が「過去に過労死の危険を感じたことがあった」と回答した（国家公務員一般組合 2008）。過労死・過労自殺は増加の一途をたどっているが（上畑 2007）、国民の健康増進や労働環境を司る行政の場においても、その対策は十分に実現できていないのである。

ワーク・ライフ・バランスの困難

シンスケさんは、このような長時間勤務は、自らのワーク・ライフ・バランスに大きな影響を与えていると指摘する。

朝九時半くらいに出勤して、帰るのが午前〇時で、家に着いたら午前二時、三時という生活です。一日の労働時間は十何時間。帰ると当然、家族はもう寝ていて、朝も会話できずバランスが大変悪いです。土、日は家族サービスするというよりも自分の疲れを取ることが最大の目的になって、娘の育児ができず、家族関係はどうなっていくか不安を持っています。役所を離れなくては駄目だと思いますが、あまり考えないようにしています。

シンスケさんは、妻と六歳の娘の三人暮らしであるが、長時間勤務のため、家族との時間を持てず、仕事とのバランスがとれないことを危惧している。日本では週五〇時間以上働く人の割合が他国に比べて異常に高いことが指摘されているように（内閣府 2006）、玄田（2005）は、長時間労働は近年の日本の職場の大きな問題のひとつであり、それによる弊害は少なくないと警告する。

長時間労働は、必然的に男性の育児参加の問題につながっている。一九九九年に旧厚生省が展開した男性の育児休暇取得キャンペーンにもかかわらず、「平成二一年度雇用均等基本調査」（厚生労働省 2010c）では、女性の育休取得率は八五・六％（前年比五・〇％減）と八割代に達しているが、男性は一・七二％（同〇・四九％増）という非常に低い数字にとどまっている。ただし、ベネッセ次世代育成研究所の「乳幼児の父親についての調査」で、「育児休業を利用したいが利用できなかった」男性は、二〇〇五年に二三・〇％、二〇〇九年に二七・七％を占めたように、必ずしも男性が育児参加を望んでいないというわけではない（ベネッセ次世代育成研究所 2010）。一方、現実的に育児休業を利用できない理由として「職場に迷惑をかける」「忙しくてとれそうにない」などの回答が上位に挙げられたように、過酷な労働環境の実態がうかがえる（第1章、第3章参照）。

実際に育児休業を推奨する立場の国家公務員であっても、シンスケさんは、「安心した暮らし」という国の目標が職場内で蔑ろにされており、育児休業を取得することは非常に困難であると指摘する。

出産で休めばそこでキャリアが終わってしまいます。育児で、法令をつくるために夜中の二時、三時までかかる仕事ができないような人材は、役所としたら要りません。働き方を変えることは、対策としての文言はありますが、職場内では手が付いていません。

このように出産や育児は、現在でも国家公務員のキャリアにとって、肯定的というよりマイナス要因ととらえられてしまう実態があり、あくまでフルタイムで働き続けることを前提とした職場環境であることがうかがえる。

他方、シンスケさんは「仕事量が多くてもキャリア系の法令ラインの官僚の一部は、国を動かしているプライドで仕事に没頭している」とも指摘する。「プライドに支えられて仕事をしている」という声は、アキオさん（事例10）、テルキさん（事例3）など、他の中央省庁で働く対象者からも聞かれた。このように、仕事への依存心が強い国家公務員にとっては、仕事中心の働き方を変える内的な動機が見出しづらいこともうかがえる。

メンタルヘルスの問題

日本の自殺者数は、一九九八年度以来二〇一〇年度に至るまで一三年連続三万人を超える事態に陥っていることに象徴されるように、日本人のメンタルヘルス対策は緊急の課題になっている。『産業人メンタルヘルス白書』（社会経済生産性本部 2006, 2007）の「メンタルヘルスの取り組み」調査によると、「心の病」の問題が、企業で約六一％（二〇〇六年）、自治体で約四七％（二〇〇七年）と大幅な増加傾向にあるように、労働者のメンタルヘルスの悪化が大きな問題となっている。

シンスケさんも、長時間労働が自身のメンタルヘルスに悪影響を与えていると指摘する。

係長級の人で午前〇時前に帰るのはよっぽどのことで、体がもたない人は当然心も病んでいきます。自分もメンタル面でのバランスが崩れだしていて、薬を飲んだりしています。最悪のときは引きこもりたい感じで思い出したくありません。昔からの友だちとかとも距離は置いて、自分の時間が欲しい。ひとりでいたい。それぐらい時間がありません。いま、役所のなかで憩いの場はトイレだけです。

このように、自分の時間や場所をほとんど持てないことで、心のバランスがとれなくなっているという。一九七六年以降五年毎に実施されている「国家公務員長期病休者実態調査」によれば、一九九一年度には「精神・行動の障害（うつ病、統合失調症等）」を原因とする病休者は、「消化器系の疾患」「損傷・中毒・その他外因の影響」「新生物（肺癌、白血病等）」に続く第四位であったのが、一九九六年度には「新生物」に続き第二位に、二〇〇一年度・二〇〇六年度には第一位になったように（人事院 2008）、国家公務員の世界においてもメンタルヘルスの問題が大きくなっていることがうかがえる。

シンスケさんは、この背景には、日本の組織の雰囲気が関係していると考えている。

日本の組織では集団行動をとるなかで歯車化しなければ駄目で、常に他人への気兼ねで緊張させられます。役所はそういう典型的なところです。

また、ヤストさんはメンタルヘルスの問題について次のように指摘する。

精神を病んだ人も結構います。僕の同期もひとり休職しました。うつじゃないですかね。こんなにも残業していたら。自殺も一時期多かったです。

メンタルヘルスの問題に対応するため、ヤストさんの職場では、新人に対して先輩が世話役になるメンター制度が導入されている。メンター制度とは、一九八〇年代にアメリカで企業内人材育成策として始められたもので、メンター（助言者／指導者）とプロテジェ（指導される側）が、ともに生き方やキャリアプランを考えながら、自尊心や向上心を育てていくものである。

この制度を導入することで、新人が気軽に相談しやすい環境をつくり、人材育成をはかっているが、それでも転職していく人は少なくないという。

省庁再編の頃から辞める人が増えてきて、同期が半分ぐらいになった世代もあり、人が足りません。いまの若い人ってすごい開き直りがあって、「ああ、もう死ぬから辞めよう」という人が多くて、入省一年目の人がすでに何人か辞めています。その上の世代もどんどん辞めて、外資とかいろいろなところに転職しています。辞める人が出たら次年の採用を増やしますが、若い人を採っても即戦力にならないので、中間層の負担が増してしまいます。

シンスケさんの職場と同様に、人員不足やそれによる負担という悪循環が指摘されている一方、若年層は、従来に比べて、仕事を辞めることに対する壁が低くなっている傾向がうかがえる。ただし、国政の重要な一端を担う国家公務員の人材養成という側面から見ると、大量の中途退職による「頭脳流出」は、今後の国政運営に少なからぬ影響を与えることが危惧される。

キャリアをめぐる葛藤と活路

日本企業の年功序列制度の問題を論じるなかで城繁幸は、国家一種試験の申込者が二〇〇六年に過去最低を更新したことに表れているように、中途退職という問題に加えて、国家公務員への就職の人気自体が落ち込んでいると指摘する。そして、公務員に限らず、大学新卒者が三年あまりの間に三〇%近くという高い割合で退社するのは、従来の人事制度などが新入社員にとって理想的な形態ではないことに起因すると批判する（城 2006）。

ヤストさんの同期で他の省に勤める知人は、人事ローテーションが機能していないことの「被害者」になったという。

人事がめちゃくちゃで、彼も入省してわずか二年間で九回も異動させられました。人が足りなくなったら一時的に張り付けて、また他のところに回すという、その場しのぎの被害者になってしまったみたいな感じ。本当は一部署で二、三年くらい勉強して蓄積をちゃんと作っていかなきゃいけないのに、そんなに異動していたら仕事を覚えられず、キャリアになりません。彼の職場にはメンター制度もないと言っていました。

このような人員不足という問題のため、キャリアアップにつながらない人事異動が頻繁に行われている事例もあることがうかがえる。

一方、シンスケさんは、マスコミによる国家公務員に対する批判的な報道が、必ずしも実態をふまえていないことに疑問を持っている。

　マスコミに役所は休みすぎるとか否定されていますが、民間に委託できない問題は国がやらないといけない側面もあります。最近の国家公務員の批判はまともでないというか、木を見て森を見ていない気がします。

西村健は、自身の経験をもとに著した『霞が関残酷物語――さまよえる官僚たち』で、やりがいのある仕事をしたい、いまの状況を何とかしたいと思っているにもかかわらず、膨大な業務に忙殺され、苦悩する官僚の姿を描き出した。この著作から推測されるように、国家公務員の実態は「厚遇されるエリート」という一面的なイメージには必ずしも収斂されないといえる（西村 2002）。

ヤストさんも、公務員は安定している一方、民間の外資系などと比べると基本給が必ずしも高くなく、残業代に依存している側面や、仕事の能力によって生じる給与差が少ないことを不満に思うときもあるという。

外資系に勤める大学の同期の知人と比べると、同じ労働時間で年俸が四、五倍以上違います。国家公務員の給与体系が下げられて辞める人も多いですし、自分も残業代がなかったら辛いです。仕事ができない人も一律に上がっていく給与体系はやはりストレスです。いま、業績給の比率を上げるなど、評価によって給与を変えようとしていますが、ボーナスで若干差が出るだけでほとんど変わりません。

彼は、公務員の給与体系の問題を指摘する一方、「役所の仕事は簡単に結果がでないものが多く、うわべの結果がでやすい派手な仕事だけ追い求める人ばかりになると、縁の下のことをやる人がいなくなって、公共サービスが回らなくなる」ともとらえている。そして、公務員の仕事の特性をふまえると民間のような評価プランは難しく、バランスをとらないと仕方がないと考えている。現状では転職は考えていないが、その理由としては、「中途半端に出てここよりいいところがあるとは、あまり思えない」からである。むしろ、現在の希望は、人事院の選抜を経て、アメリカの大学院に留学することにある。彼の所属する部署は省内でもいわゆるエリートコースに位置づけられるが、留学などによってエリートコースからはずれるのは構わず、事務次官まで出世したいとも考えていない。それよりも、有意義な政策をつくる能力や発想力、創意工夫のある企業環境の養成など、自分自身のスキルアップを目指したいと考えている。

この背景には、ヤストさんのジェンダー観も関係している。

他人から男らしくないっていわれることは別に気になりません。自分の中の男らしいというイメージは、気配りができて優しい人。女らしいと同じで性別っていうよりも人間らしさに近いです。お互いに思いあうことは、仕事でも人間関係でもコミュニケーションの局面でやっぱり大事になると思います。

ヤストさんは、従来の男性のライフコースで想定されるような昇進よりも、従来は「女らしさ」の領域ととらえられるような気配りや優しさといったコミュニケーションを大切にしていきたいと考えているのである。ただし、現実的には、ヤストさんの職場でも、育児休業の取得は「半年前ぐらいからあらかじめ根回ししないととても無理で、それを補うようなシステムにはなっていない」というように、彼のようなジェンダー観を活かしきれる労働環境が十分に整備されているわけではない。

シンスケさんは、仕事の都合で一年間海外に派遣されたが、そこでの経験は、日本の行政や社会を見つめなおす意味で大きな収穫があったという。

海外では、発言しなければ自分の存在を認めてもらえず、自己主張が求められましたが、日本の職場のような他人への気兼ねがいらなくて楽でした。一年間過ごして、日本人は自分の頭で考えていないと感じました。役所でも、行政官たちは、人事権のある人、いわゆる偉い人の方向に向いていて、国民に必要なものは何なのかを考えることができていません。

シンスケさんは、気兼ねが求められない海外の文化にふれることで、職場の他人への気兼ねという日本社会の集団性の持つ負の側面を再認識した。元来シンスケさんは、「ダブル」というアイデンティティによって子どもの頃から日本の文化の問題を考えざるを得ない状況にあったが、海外滞在の経験により、国際的視点から日本の公務員社会の問題を俯瞰できるようになり、それが過酷な長時間勤務のなかでのわずかな希望になっているという。

3　変容するキャリアパターン――転職経験者の労働／生活意識

転職によるキャリア形成

一方、今回聞き取りをした官公庁または民間企業に正規雇用労働者として勤務する男性四五人中一一人が、単なる転籍以外のかたちで転職を経験していた。旧来のサラリーマン・モデルから脱する典型的なパターンのひとつがこの転職経験であった。そこで本節では、転職経験を有するふたりの男性の労働／生活意識を見ていきたい。具体的には、新人類世代のゴロウさん（四〇代前半、事例39）と、団塊ジュニア世代のダイスケさん（三〇代前半、事例36）である。

ゴロウさん（事例39）は、一九六〇年代中頃に地方都市で、高校教師の父親と個人で英語を教える母親の間に生まれた。父親の影響をうけて「活字中毒」というほど本を読むことが好きだった。また、家族がライオンズクラブの手伝いをしており、海外の学生がホームステイで自宅に来ることがあったので、小さい頃から英語への親しみがあったという。高校まで地元の公立学校で教育を受け、東京の有名私立大学に進学した。大学では、法学部に籍を置くとともに、交換留学生プログラムに参加して英語を熱心に勉強した。ゴロウさんは、学生時代の雰囲気を次のように語る。

『私をスキーに連れてって』とかの映画があった時代で、チャラチャラした新人類でバブルの申し子みたいな世代です。社会自体も非常によかったし、麻雀をしたり酒を飲んだり、テニスサークルをやったりして楽しかったです。日米・円ドル委員会で円の国際化といわれた時代で、いまの状況とはまったく違って、金融が非常に華やかな業界でした。

一九八〇年代半ばといえば好景気に沸いた時期であり、とりわけ男子の就職は引く手あまただった。ゴロウさんは、国内の財閥系銀行に就職を決めたが、他にも六つほどの内定を得ることができたという。

就職後、地方の支店に二年ほど勤務し、景気がピークを迎えた頃、ＭＢＡやロースクールに社員を送る銀行の留学制度に選ばれた。アメリカに二年間渡り、ニューヨークのロースクールで法律修士、州弁護士の資格を得ることができ、非常に充実していたという。帰国した一九九一年にバブルが崩壊すると、留学制度は中止になる。また、当時の銀行は、大きな政治問題になった不動産融資の案件を多く抱えていたので、特別チームを編成して海外交渉を担当することになった。九〇年代中頃までの三年半ぐらい、アメリカの不良債権の回収法を参考にしながら、海外に保有していたホテルやビルを売却させて不良債権を回収した。その後、景気の悪化が進み、不良債権が増えて、銀行の自己資本比率が国際基準を割り込んだため、本部で国際業務撤退の幕引きの仕事をした。

不良債権を大変な思いで回収した経験は、ゴロウさんに、社会の急激な変化に対する危機感を覚えさせた。会社からは、新たに、人事や大蔵省担当など当時の銀行の「エリート的場所」を用意すると言われたが、自分のやりたい仕事はこの組織にいると見つけられないと感じるようになった。その結果、プロとして不良債権の売却の仕事をしたいと考え、一〇年余り勤めた日本企業からアメリカの不動産投資マネジメント会社に一九九〇年代末に転職した。

このような社会的地位を認められていた大手企業からの離職は、親や同僚から驚かれたという。

十数人ぐらいで立ち上げる会社への転職については、親からは馬鹿だと言われ、銀行でも大騒ぎになりました。その後、実質副社長として、小さな会社を伸ばしていく数年間は、(毎月)二五日に従業員に給料を払わなきゃいけないという資金繰りに追われる危機的状況が何度もありました。でも、三〇代中頃の一番元気なとき、やりがいがあって面白かったです。小さい会社はすべてを持ち駒でやらなきゃいけないから、すごく勉強になりました。

小規模の会社での業務は非常に大変な日々であったと振り返るが、自己の能力を試すことのできる

「やりがい」の実感につながったという。不良債権や不動産の売買業務などを通じて、その会社を約六〇人の従業員で十数億円の収益を出すまでに成長させたが、アメリカの親会社の方針変更により、経営に折り合いが付かない状況が起きて退職した。

その後彼は、二〇〇〇年代前半に、ヘッドハンディングにより外資系銀行の部長に就任した。不動産投資という事業を立ち上げ、国内の不動産のみならずアジアも対象地域に据え、約三〇人の部下を率いて五年で四倍（年間数十億円）を売り上げるまでに増収させた。こうした成長の背景として、外資系の銀行の意思決定のあり方が大きいという。

不動産投資プログラムなら、役員会のルールブックの範囲内であれば、僕と上司である専務とふたりで数十億まで投資の意思決定ができます。専務は忙しく、彼は僕を信用してくれているので、実質上自分で意思決定をしています。部下はユニットに分けて仕事をさせ、できることはなるべくやってもらいます。前の日本の銀行では多分数十億の決裁なんてあり得ません。意思決定は迅速なので、日本の銀行はついてこられないと思います。

外資系銀行は、日本の銀行に比べて積極的に意思決定権を委譲しており、それが迅速な対応を生み、ビジネスのスピードを上げていると指摘する。それゆえ、部長クラスでも自分の責任で多様なことを決定でき、「収益達成していれば誰にも文句を言わせないというスタイル」を取ることが可能になっている。一九九〇年代の銀行再編の際に団塊の世代が辞めたことにより、組織人員の平均年齢が若いことも組織の柔軟性を生んでいる一方、人材採用の面では、すぐに戦力となる中途採用を前提としており、一から人材育成をする部署や研修はないので新卒には厳しい職場であるという。

転職による働き方の変化

ダイスケさん（事例36）は、一九七〇年代中頃に、戦後の日本の高度成長を支えた企業城下町で、製鉄会社のサラリーマンの父親と専業主婦の母親との間に生まれた。家族の中で、父や兄とはあまり会話があわないという。

父は、戦中生まれの人らしい典型的なサラリーマンです。高校を出てすぐ製鉄会社の現場に入って、会社が一番の人間で、そういうふうに意識付けられているから無理もないです。兄も同じような感じの企業に勤めていて、会社を一番に考えているので話があまり合いません。

このように、ダイスケさんは、戦後日本のサラリーマンの典型例といえる「会社第一主義」の生き方に、子どもの頃から違和感を持っていた。高校まで地元の公立学校で教育を受けたが、学校生活は窮屈なもので楽しくなかったという。大学は親元を離れて都会に行きたいと考え、関西の公立大学に進学した。大学では経済学を学びながらＥＳＳサークルで英語を勉強し、充実した生活を送ることができた。

卒業後、日本の大手企業（メーカー）に一九九〇年代後半に就職したが、この会社での勤務で大きな葛藤が生じたという。彼は、当時の様子を次のように述べる。

前の会社ではそれなりに仕事も楽しかったし、お金が入ってくるという楽しみもありました。ただ、会社の寮の連帯感や、会社にどっぷりつかる楽しい気持ちはわかるし理解できる反面、会社が何でもやってくれることにすごく違和感がありました。社章は仕方なく付けていましたが、会社の保養所やホテル割引は、公私混同のようで嫌だったので使いませんでした。会社のロゴの入った封筒や手帳とかを自慢げに配る人も多いけど、もらったほうが迷惑するような気がします。

ダイスケさんは、企業独特の連帯感を享受し、それなりに適応できていた反面、何もかも会社に依存することへの嫌悪感も覚えていた。従来の日本企業に典型的といえる、公私ともに会社アイデンティティへと一元化することへの抵抗感があり、自分はそのような企業文化に染まってはいけないという意識を持っていたという。

前の会社ですごいびっくりしたのは、「自立した個人」というのが人事方針だったことです。小学生や中学生じゃなくて、もう自立しているはずの二〇歳から六〇歳までの何万人という大人に対して、すごい話だと思います。会社への依存感を持つと楽なところもあるけど、それを続けていてはいけないんだろうなという迷いがありました。ほんとに嫌ならさっさと辞めていましたが、それなりに適応できてもいました。

「自立した個人」という人事方針は、日本型企業が家族のように従業員を抱えていることを暗示するものであるが、ダイスケさんには大きな違和感を覚えさせるものであり、この企業に属する自己の将来への漠然とした不安を生んでいた。一方で、企業文化の一体感の楽な側面も理解でき適応できたことが、彼に葛藤を生み出すことになった要因であった。迷い続けた結果、入社から五年後に退職し、国立大学の大学院の修士課程で企業の問題を研究する道を選んだ。大学院では研究上や生活上の悩みが生じたが、修士課程修了後、日本の雇用形態、賃金制度の問題に取り組む人事コンサルティング企業に就職した。

具体的な業務は、企業の人事制度のコンサルティングと研修セミナーの企画運営である。いまの職場に勤務してから認識するようになった以前のメーカーの問題を、彼は次のように指摘する。

前の会社に比べたら、残業している動機が違います。前の会社は用もないのに、家より職場にいるのが楽しいクラブみたいな感じで会社にいる人がいっぱいいました。今の所はそういうのが嫌いな人の集まりで、夜遅くまでやることもありますが、人に気兼ねして会社に残るというのはまったくありません。今日が嫌だったら、明日でも日曜日でも自由に出てきて、自分の意志でやっている。自律性が増えたのでやりがいがあります。

以前の職場では、漠然と残業をする人が多かったのに対して、現在の職場では、ワーク・ライフ・バランスを意識的にとろうとしている人たちが多く、主体的に職務を遂行できることが、「楽で合っている」という。ダイスケさんが以前の企業で感じていた違和感とは、会社の雰囲気に気兼ねすることが第一で、自主性が軽んじられる雰囲気であったと考えられる。一方、ゴロウさんは「上司が必要以上に職場にいると部下は来ないといけないと思うので、なるべく職場にいないようにすることで部下に余計なプレッシャーを与えない」よう配慮している。このように、今日の社員にとっては、管理よりも自律性や自主性を重視することが、それぞれの「やりがい」につながっていると考えられる。

社会やライフスタイルに対する価値観

部長職という立場であるゴロウさんは、会社のサーバを自宅に入れており、居場所さえ伝えておけばどこにいても問題がなく、自分の時間や場所をコントロールできるため、ワーク・ライフ・バランスはとりやすい。ただし、最近はじめて経験した育児は、思いのほか大変だったと振り返る。彼のように、裁量権のある立場で、また専業主婦の妻がいても子育ては大変だという実態からは、共働きやシングルマザー／ファーザーなどの人々が、働きながら育児をすることがいかに容易でないかを物語る。
一九九九年、旧厚生省によって「育児をしない男を、父とは呼ばない。」というキャンペーンが展開され、男性も積極的に育児休暇をとることが推進されはじめたが、ゴロウさんは、これからの「男らしさ」には、育児をすることも含まれるようになるのではないかと考えている。

おむつを換えたりお風呂に入れたり手伝える範囲で家事は手伝うようにしています。少子化の問題を考えると、子どもを生み育てることは女性だけの問題じゃなく社会全体の話だと思います。昔の感覚からいくと女性的な男性が増えており、おむつを換えて嫁の手伝いをすることが、男らしいことになるかもしれません。

最近は、育児をする男性を「イクメン」と肯定的に呼ぶようになってきているが、ゴロウさんは、「いまの日本の育児休暇制度は不十分であり、その充実をはかるには、ルール以上の一歩先のヒューマンタッチをしていかないと動かない」と考えている。このような人間性を重視する姿勢は、組織のマネージャーとしての姿勢にも表れている。

マネージャーとして組織を管理するうえで一番大事にしているのは、自分が幸せになりたいと願っていて、そのためには一緒に働いてくれている人が幸せじゃないと幸せになれないので、どうやってみんなを幸せにすればいいのかという点です。

このように、組織管理において、自分だけではなく部下と幸福感を共有できることを重視している。ただし、管理業務はあまり好きではなく、会社の経営陣になるなど現在以上の昇進は望んでいない。

最近役員になってくれと言われていますが、金融機関の執行役員や取締役になると恐ろしい責任が付くわりに、給料が数倍になるわけでありません。法律がよくわかる分、責任を負いたくないので断りつづけています。もともとゼネラリスト的な管理業務が嫌で前の銀行を辞めたので、いまの部長程度が一国一城の主で楽です。

労働時間、責任、収入、社会的地位などを考慮すると、いまの立場への不満は非常に少ない。むしろ、管理業務は責任が重く、「バランスが悪くなる」ので好まないという。

ダイスケさんは、自身の経験をふまえつつ、現在の業務のなかで、日本の企業の人事評価は限界にきており、もう少し自発性が評価される体系に変えていく必要があると指摘する。

いま提案しているのは三〇歳で課長、四〇歳で部長など、早い段階から管理職で意思決定する役職につく体系です。それぐらい若くないと切り込み隊長としてはやっていけません。五〇歳とかで課長では、組織が重くなります。

ゴロウさんと同様にダイスケさんも、新たな人事体系の構築には、若い世代に意思決定を移譲させていくことが鍵となり、一定程度の年齢を重ねないと役職に就けない従来の日本型の年功序列の人事評価を変える必要があると考えている。また、人事制度改革のコンサルティング業務では、最近自治体、大学、病院などの公共部門を相手にすることが増えているが、民間企業に比べてやりづらい傾向にあるという。

公務員の世界の論理で仕事をするので、民間の収益を考えるかたちに合いません。手続き、報告、書類作成などがたくさん出てきて、ものすごくこだわり、無駄が多いです。一番やりにくいのは、人が二年ぐらいでどんどん変わるので効率が悪くて、せっかく構築した人間関係などが全部切れてしまいます。

近年、日本でも公共部門の組織体系の見直しが実施されるようになっており、それにかかわる仕事が増えてきているが、効率を良くするのは難しいと語る。これは前節で指摘した国家公務員の職場の問題を裏付けるものでもある。

また、ゴロウさんは、時代の変化のなかで自身のキャリアをうまく成功させることができた一方で、現在の社会情勢には違和感も持っている。

経済的にも道理が通らないことがまかり通った世の中になってきています。逆に言うと世の中が「くしゃくしゃ」となって、私でも成功できました。日本の銀行を辞めたとき、来年この銀行の頭取より給料もらうんだと豪語しましたが、実際にもらえました。今も十分に稼いでいますが、こんなにもらっていいのか、と違和感というか、世間とちょっとずれてきた感覚があります。普通のサラリーマン世界も経験しているから、やっぱりずれないようにと思います。

ゴロウさんは、安定していると考えられていた日本企業に早い段階で見切りをつけて外資系に転職し、キャリアを積むことで高いサラリーなどを得られるようになった反面、自身の成功の背景には、バブル崩壊以降の社会の混乱があり、道理が通らない状況であるとも感じている。そして、自分の価値観が世間からずれていくことに違和感も覚え、格差が生まれる日本社会のありかたに疑問や不安を持っている。社会の階層間の移動がなくなると、アメリカのように、経済格差や教育格差など、多様な社会格差が固定化・停滞して犯罪も増えるのではないかと考えている。

ただし、ゴロウさんは、いまの銀行に勤め続けようと考えているわけではなく、転職のために履歴書は毎月アップデートしているという。常時ヘッドハンターから複数の話が舞い込んでおり、条件、責任、投資資金、意思決定、ボーナス体系、予算などの話があえばいつでも転職するつもりでいる。

また、金融業界にこだわっているわけでもなく、法律の論文を書くのが楽しいので、将来は、大学などアカデミックな世界に籍を置いてみたいという希望も持っている。このように、新人類世代のゴロウさんは、従来の日本社会の終身雇用にこだわることなく、国内の大手企業から外資系企業に転職し、キャリアアップをはかることで、自己の能力を発揮するとともに、柔軟な価値観を持ってライフコースを送ってきたといえる。

一方、紆余曲折や迷いを経て、現在の職場にたどり着いた団塊ジュニア世代のダイスケさんは、さらなる転職はいまのところ考えておらず、現在の価値観について次のように述べる。

組織や自分、将来に対しての不安をあまり考え続けることはいいことではないと思います。それよりは、いまの環境を大切にしてやっていったほうが、それなりに開けていけるような気がします。いまの仕事でも嫌なことはいっぱいあるけど、それをとにかくやっつけるということに集中して、目の前のことをそれなりに頑張っていった方が、多分物事がうまくいって気持ちの整理がつくと思います。

自己の将来を模索する際に、不安を考えるよりもいまの環境にとりあえず集中することで、将来に向かって開かれると考えている。このような思考に至ったのは、「あれこれ悩んだことで、自分なりの答えが砂金のように出てきて、悩み続けて動かないのが一番つらい」という人生の経験によるものである。そして、「いろいろ並行して考えるとかえって詰まってしまうし、適度に考えて適度に忘れる」という中庸な思考で目の前の課題をこなすという姿勢が、ダイスケさんにとって有意義なライフコースを送る指標になっている。

4　希望の行方

本章では、戦後の日本型雇用慣行が綻び始めた一九八〇年代後半以降に仕事を始めた四人の男性の事例から、錯綜する現代の日本社会における男性の働き方や価値観を見てきた。

従来のキャリアパターンが持続している事例として、ふたりの国家公務員の男性の語りからは、仕事と生活のバランスがとれないことに不安を抱えている姿をクローズアップした。現在も彼らの職場では長時間勤務が日常化しており、大量の離職による人員不足などの問題からは、組織が機能不全に陥ってしまう可能性は否めない。行政機関の中枢である職場のこのような現状は、従来のサラリーマン的な働き方の限界を示すとともに、日本社会にとっても決して好ましい状態とはいえないだろう。ただし、そのような環境のなかでもやりがいを見つけようとしている団塊ジュニア世代のヤストさん（事例54）の例からは、従来の男性のライフコースで想定されるような年功序列型の立身出世よりも、自己の能力自体の向上に強い関心を持ち、キャリアアップを模索している様子がうかがえた。

一方、日本型大企業から転職をしてキャリア形成をしてきたふたりの男性の事例からは、従来のキャリアパターンが変容しつつある様子がうかがえる。好景気に日本の財閥系銀行に就職した新人類世代のゴロウさん（事例39）は、バブル崩壊をうけていち早く外資系企業に転職するなど、時代の流れを読みながら柔軟な価値観でキャリアアップを果たしていた。また、日本型大手企業での葛藤を抱えながら、大学院を経て現在の仕事にたどり着いた団塊ジュニア世代のダイスケさん（事例36）は、自己の価値観を第一にして、それにみあった職業選択を模索してきた。彼らに共通していえることは、従来の日本型大手企業という安定性にこだわらず、むしろ企業社会で軽視されがちであった個性や自主性を重視していることにある。

確かに、本章で扱ってきた男性たちが抱える問題は、社会全体から見ればエリート層に限定される問題かもしれない。また、従来の安定的なサラリーマン像を前提としていた男性のライフコースに大きな揺らぎをもたらしているという点では、近年の経済不況や非正規雇用の増大により、安定的な職にさえ就けない男性が急増している問題の方が大きいかもしれない。それでも、本章の対象者たちでさえ、グローバルな社会を意識して変化の激しい環境を生き抜いていかねばならなくなっている点で、男性全体にとって従来の安定性や将来性の意味が大きく揺らいでいる。

この意味で、本章の対象者は、概してグローバルな視点への関心が強く、日本の状況を相対化してとらえており、それが結果的に、従来の日本型の雇用形態を前提とした出世やライフコースに固執せずに独自のキャリアを形成することにつながっている。従来の画一的なライフコースが崩れる現在、「集団から個人へ」という方向性を止めることは難しく、賃金制度や人事制度などの再構築や、流動化／多様化する社会に対応していく意識の醸成が求められている。

ただし、「皆と同じ」ではなく、「個」が重視される社会では、必然的に自己決定の比重が高くなり、自己決定はその言葉の響きほど必ずしも容易なものではない。人間にとって「他者が決めてくれたこと」よりも、「自分で決めること」は、常に自己責任の問題が付きまとい、思いのほか労力を要するものである。これにともない、将来への希望が持ちづらくなっているという問題も発生している。

二〇〇五年に立ちあげられた東京大学社会科学研究所の「希望学」プロジェクトの調査では、対象者の三人に一人が「希望がない」「希望はあっても実現見通しがない」と答えたように、日本の若年無業の増加は、景気停滞の影響のみでなく、自らの将来目標となる希望が見出せない結果でもあると指摘されている（玄田 2006）。また、収入、仕事、教育、余命、健康などの選択可能性が希望を左右するとともに、希望の保有は、高齢社会、経済停滞、進学困難、健康不安などの社会環境に影響されることも明らかとなった。

確かに希望を持つことを必ずしも前提にできない現代社会において、希望を個人の性格や感情としてのみでなく、社会の産物や原動力としてとらえる視座は重要であろう。ただし「希望は失望に変わりやすい」というように儚い側面があり、「夢」などと同様に長期的な意味合いを持つ。この意味で、「希望」という言葉に比べ、「やりがい」という言葉はより現実的な個人の原動力として具現化できるのではないだろうか。本調査全体では、仕事や人生の動機づけに関して語られるとき、希望という言葉よりも、やりがいという言葉がしばしば用いられ、「やりがいがあれば頑張れる」という言明が少なからず見られた。

もちろん「やりがい」を求めた仕事への没入が、自己実現型のワーカホリックにつながる危険性があることは否定できない（第1章参照）。しかし、「やりがい」という言葉の本質には、「生きがい」につながる性質が備わっており、未来への投資というよりも、現在の目前の物事に対する原動力が多分に含まれる。たとえ些細な仕事と見なされるような事象でも、そこに何らかのやりがいを実感できれば、自己の存在価値を確認できるだろう。

将来の希望を持つことは確かに重要であるが、変動が激しい今日の社会では、「いま（時間）」「ここで（場所）」生きているという実感を持てることも必要である。ゴロウさんやダイスケさんが、従来の安定的な（と考えられていた）日本型大手企業からの転職はリスクであるという固定観念を断ち切り、転職を重ねたことでキャリア形成ができたのは、「いまここで」でのやりがいを重視したからである。

流動化する現代社会では、将来への不安が新たな不安を煽り、心配が過度の心配を生んでしまうという、負のサイクルに陥る傾向は否めない。しかし、本来「いまを生きる」人間にとって、将来の希望を見出せないために、いまの「生」を見失ってしまうことは本末転倒である。この意味で、自己の将来を模索する際に、極度に理念的にも現実的にもなることのない中庸な思考で、ひとまず目前の課題を設定して取り組むというシンプルな姿勢は、これからの不確実な時代を生きていくうえでひとつの指針となるだろう。

第3章　育児するサラリーマン

——育児ができないつらさ、仕事ができないつらさ

多賀　太

《要　約》

「仕事と育児の両立」が女性だけでなく男性にも求められる課題となり、父親の育児参加に関する研究も珍しくなくなってきたが、当の父親が仕事と育児の両立をめぐってどのような葛藤を経験し、それにどのように対処しているのかについてはそれほど明らかにされていない。本章では、父親たちの生活事例をもとに、仕事と育児をめぐる葛藤やそれへの対処の具体的な様子を考察する。「仕事のために育児ができない」と悩んでいる父親たちは、一方で、家庭における稼ぎ主として長時間労働を避けることができず、他方で、働きたいのに育児のために働けない妻への申し訳なさから育児を妻に任せっきりにしてしまうわけにもいかない状況に置かれている。「育児のために仕事ができない」と悩んでいる父親たちは、仕事の量や時間を減らして育児に参加してはいるものの、それによって自己実現や社会的成功のチャンスが少なくなることに不満や不安を感じている。父親たちの葛藤は、仕事

時間と育児参加時間とのバランスの変化だけでなく、仕事観や育児観の変化によっても増幅したり軽減されたりしている。

1 仕事と育児をめぐる父親の葛藤

「育児をしない男を、父とは呼ばない」。一九九九年に旧厚生省がこのスローガンを打ち出してから、一〇年以上が経過した。最近では、育児を積極的にする男性を指す「イクメン」なる言葉が流行しており、厚生労働省も、二〇一〇年六月より、「働く男性が、育児をより積極的にすることや、育児休業を取得することができるよう、社会の気運を高めることを目的とした」「イクメンプロジェクト」を開始した（厚生労働省 2010a）。

このように、近年の日本では、「仕事と育児の両立」は、もはや女性だけでなく男性にも求められる課題となっている。すでに今世紀への転換期頃から、仕事を優先させる方がよいと考える父親よりも、仕事と同じように育児にもかかわる方がよいと考える父親の方が多数派を占めるようになっている（総理府 2000：矢澤他 2003：142）。厚生労働省の「今後の仕事と家庭の両立支援に関する調査結果の報告」（2008c）によれば、育児休業制度を「利用したいと思う」男性は三一・八％、育児のための短時間勤務制度を「利用している」または「利用したい」と答えた男性の割合は三四・六％となっている。

しかし、実際の父親の育児参加はそれほど進んでいるわけではなく、むしろ後退していることをうかがわせるデータもある。例えば、国立女性教育会館が二〇〇五年に行った「平成一六年度・一七年度　家庭教育に関する国際比較調査」によれば、〇～一二歳の子どもを持つ日本の父親が平日に子どもと接する平均時間は約三時間五分であった。この数値は、一九九四年に行われた同趣旨の調査における約三時間一九分よりも一四分も短くなっている。厚生労働省の「平成二一年度雇用均等基本調査」(2010c) によれば、男性の育児休業取得率は過去最高を記録したが、それでもいまだ一・七二％に留まっている。

こうして、意識と実態の乖離が進むなかで、多くの父親たちが仕事と子育てをめぐる葛藤を経験していることが指摘されてきた（矢澤他 2003，天童 2004，高橋 2004，多賀 2005）ものの、父親たちが、仕事と育児をめぐってどのような葛藤を経験しているのか、自らが置かれている状況をどのように解釈しているのかの詳細については、それほど知られているわけではない。子育てにともなう葛藤に関する従来の研究においては、第一義的な育児担当者とされる母親を対象とするものが圧倒的に多かった。また、父親の葛藤に関連する研究は徐々に蓄積されつつあるものの、それらにおいても、葛藤の具体的な様子については十分明らかにされているとは言い難い。例えば、先行研究のなかには、長時間労働など、父親に葛藤をもたらす構造的要因を指摘しているもの（松田 2002）や、いくつかの代表的な葛藤の傾向を明らかにしているもの（矢澤他 2003，冬木 2003）、職場環境と父親の育児時間との関連を明らかにしているもの（末盛 2010）などは見られるものの、いずれも量的調査データを用いた研究である。また、確かに近年では、面接調査などを通して父親の主観的側面にアプローチする質的研究も見られるようになっている（Ishii-Kuntz 2003；平川 2004；堀 2005；舩橋 2006；庭野 2007）。しかし、分析の焦点が父親の葛藤よりも夫婦間の育児分担の実態に当てられていたり、育児に積極的に参加する父親のみが対象とされていたりする傾向が見られ、父親たちの主観的な葛藤、とりわけ育児にあまり参加できていない父親たちの葛藤は十分に明らかにされないままとなっている。

そこで本章では、収集された父親たちの具体的な生活事例にもとづき、父親の仕事と育児をめぐる葛藤やそれへの対処の様相を明らかにする。本書のもとになっているA調査とB調査のうち、育児についてある程度まとまった質問を行ったのはA調査のみであるため、本章では、A調査の対象者のうち子どもがいる二一名の事例を分析の対象とした（本書巻末資料参照）。分析に際しては、仕事と育児というふたつの役割を具体的にどうやりくりしているのかという客観的実態と、仕事と育児というふたつの役割の間に置かれた自らの状況にどのような意味づけを行っているのかという主観的意識の両者に着目し、両者の相互関係や、両者の時系列的な変化を中心に考察を行った。

以下では、仕事と子育てをめぐる葛藤をふたつのタイプに分け、第2節と第3節でそれぞれの具体例を紹介する。続いて第4節では、父親たちによるそうした葛藤の乗り越え方と「父親の育児参加」のとらえ方の多様性について考察し、最後に第5節でまとめを行う。

2　仕事のせいで育児ができない！

一言で「仕事と育児の葛藤」といっても、その内実は多岐にわたる。職業役割と家庭役割の葛藤に関する先行研究の枠組み（松田 2006など）を参考にしつつ、父親たちが、仕事と育児の葛藤をどのようなものとして感じているのかという点に注意しながら事例を検討していった結果、葛藤の感じ方には大きく分けて次のふたつのパターンがあることがわかった。ひとつは、職業責任の遂行が育児参加に制約をもたらしていると感じるタイプの葛藤、すなわち「仕事のせいで育児ができない」という感覚である。もうひとつは、育児責任の遂行が職業活動に制約をもたらしていると感じるタイプの葛藤、すなわち「育児のせいで仕事ができない」という感覚である。

このふたつの葛藤のタイプは、父親たちが実際に感じている多様な葛藤のあり方を整理してとらえるためのモデルである。実際に父親たちが経験している葛藤の具体的な様相はひとりひとり異なっており、同じひとりの父親が、あるときはこの一方のタイプの葛藤を感じ、別のときには他方のタイプの葛藤を感じているような場合もある。しかし、このモデルを通して父親たちの葛藤を見ていくことで、これまであまり指摘されてこなかった父親たちの育児をめぐる葛藤の新たな側面に光を当てることができると思われる。

まず、「仕事のせいで育児ができない」と悩んでいるふたりの父親の事例から検討を始めよう。

仕事も家庭もフルパワーでいきたいけれど

ヒデキさん（三〇代前半、事例28）は、現在、父が起こした小さな製缶業の会社を兄とふたりで経営している。彼は、A調査において比較対象者として選定されており、現在は雇用労働者ではないので「サラリーマン」とはいえないが、仕事と育児の両立を目指して努力しながらも、「仕事のせいで育児ができない」ことを悩んでいる典型的な例であるため、あえてここで取り上げることにした。彼は、高校卒業後、自動車整備士の仕事を経て、現在の職業的地位に就いている。家庭では、二歳年下の専業主婦の妻と九ヶ月の娘の三人暮らしである。

平日は、午前八時から午後五時半まで、工場で社員の統括をしながら自らも製品を製作し、社員が帰った後に、設計や見積りの仕事を行う。帰宅は早くても午後八時、遅いときには夜中の一二時を過ぎる。土曜日に出勤することもある。

妻は、結婚するまでは保育園で保育士として働いていたが、結婚と同時に保育園を辞めて、以前からの夢であった花屋で働き始めた。しかし、子どもが生まれてからは仕事を中断している。妻は「家でじっとしているような性格」ではなく「働きたい」と言っているが、彼の方から「経済的には大丈夫だから、子どもが大きくなるまで我慢してほしい」と頼んでいる。

彼は、基本的には「夫は稼ぐ責任、妻は家庭責任」という性別役割分業を支持している。しかし、自分の母親が、家業の手伝いと家事・育児を一手に引き受けて苦しんでいた姿を見て育ったことから、できるだけ妻の負担を軽減してやりたいと思っている。そのため、平日でも、帰宅後に子どもが起きていれば、必ず子どもを風呂に入れるし、時にはミルクをやったり、夜泣きすると外を散歩させたりする。休日は、掃除・洗濯も進んで行っている。こうした日々の生活について、彼は次のように語る。

葛藤？　ああ、それはありますよね。（仕事と家庭）両方大事ですよ。だから気持ちとしては両方フルパワーでいきたいんですけど、どうしても仕事から解放されないし、帰宅しても仕事で疲れていて。特に子どもが生まれて最初の頃なんか妻も精神的に不安定でしょ。私に負担がかかってきてかなりバテそうですね。

彼は、「仕事と家庭生活の両立」のためには自分をリフレッシュさせる必要があるため、深夜に「自分を見つめ直し、落ち着かせる時間」を確保することにしているという。また、子どもが夜泣きをすることもしばしばである。そのため、平日の睡眠時間は平均して四〜五時間である。しかし、「それはみんな通る道だから」と自分を納得させているという。

超長時間労働の苦悩

アキオさん（三〇代前半、事例10）は、九州の国立大学大学院を修了した後、ある中央省庁にいわゆる「キャリア組」として入省し、現在は関東地方にある当該省庁管轄下の事務所で課長を務めている。同い年の妻、五歳と四歳の息子とともに、築三〇年以上、間取り３Ｋの官舎で暮らしている。

正規の勤務時間は午前八時三〇分から午後五時であるが、実際に帰宅しているのは通常夜中の一時か二時である。場合によっては職場に泊まることもある。土日に職場に出かけて行ったり、自宅で仕事をしたりすることも多い。管理職なので残業代は支給されない。

妻とは学生時代に所属していた社会人のサークルで知り合い、入省して二年目の秋に結婚した。妻は、専門学校を卒業後、九州の会社で経理の仕事をしており、結婚後も仕事を続けたがっていた。しかし、当時アキオさんは関西地方の勤務であったし、その後も頻繁に転勤することがわかっていたので、妻は仕方なく仕事を辞めた。現在でも妻は働きたいとの意志を持っているが、夫は「超」長時間労働のうえ、小さな子どももふたりを抱えているので、いまは無理だと諦めている。

アキオさんにとっての仕事と育児にかかわる最大の悩みは、長時間労働のため育児に十分かかわれないことである。週末に休みがとれたときには、家族と一緒に買い物をするほか、子どもを入浴させたり、外に遊びに連れて行ったり、子どもに本を読み聞かせたりしている。それでも、平日の家事・育児は妻に任せざるを得ない。

できれば、もう少し家庭のほうを重視したいなと思うんですけど、なかなかそうはいきません。ほとんどかみさんに任せっきりみたいになっています。……（職場から）たまに電話すると、（妻が）「早く帰ってこい。早く帰ってこい」と言いますから、（現状に）満足はしていないと思いますけど、ある程度はしょうがないと思っているんじゃないでしょうか。

いまの職に就いている限り、昇進したり部署が変わったりして仕事の質は変わっても、定年まで労働時間はたぶんほとんど変わらないという。かといって、「金を稼いでくるのは男の仕事だと思っています」という発言からもうかがえるように、稼得責任を果たすために、現時点でいまの仕事を投げ出すことは考えられない。こうして、アキオさんは、仕事と育児という二重の役割期待を内面化しつつも仕事優先の生活を送らざるを得ない状況のもとで、葛藤にさいなまれている。

稼得責任と妻への申し訳なさとの板挟み

父親の育児参加の規定要因に関する調査研究によれば、日本の父親の育児時間は、父親の性別役割分業観には左右されず、むしろ時間的余裕に左右される（松田 2002；総務省統計局 2002；内閣府 2003）。ヒデキさんとアキオさんの事例は、その典型である。ふたりとも、育児に参加しようという意志は持っているが、長時間労働のためにそれが思うようにできない。特にアキオさんの場合は、あまりに労働時間が長すぎて、少なくとも平日の育児参加は物理的にほぼ不可能である。

こうした職業責任の遂行による育児参加の制約は、彼らに葛藤やストレスを生じさせる。冬木春子は、「父親の育児ストレス」に関する調査結果の分析から、とりわけ「仕事のために子どもと十分にふれあいがとれないこと」や「育児に対する妻からの期待には応じられていないこと」に心理的な負担を感じている父親が多いことを明らかにしている（冬木 2003）。ヒデキさんとアキオさんが経験しているのもこの種のタイプの「育児ストレス」である。

こうした「仕事のせいで育児ができない」というタイプの葛藤から生じるストレスを軽減するための方法としては、大きく分けて次のふたつが考えられる。ひとつは、「不足感」を感じない程度に育児に参加できるよう労働時間を減らすという方法である。しかし、彼らの場合、現時点での職責上、労働時間を減らすことは難しい。ヒデキさんは、工場の現場での仕事に加えて会社の経営責任も負っている。アキオさんは、管理職として広範囲かつ膨大な業務に責任を負っている。ましてや、家族内で唯一の稼ぎ手である彼らにとって、「仕事を辞める」という選択はできない。

もうひとつの方法は、「夫は稼ぐ責任、妻は育児責任」というふうに、夫婦間の役割の違いを「割り切って」考えるというものである。矢澤澄子らが関東地方で一九九七年と二〇〇一年に実施した調査によれば、父親は「仕事優先」で母親は「育児優先」がよいと考える「性別役割型」の父親は、「稼ぎ手役割」の遂行によって「父アイデンティティ」を保とうとしており、男女の役割を「割り切る」ことで、育児関与の不足感や負い目を感じる割合が低い」傾向がうかがえた（矢澤他 2003：92，147-148）。しかし、家庭内で唯一の稼ぎ手でありさえすればこうした「割り切り」が簡単にできる、というわけではない。ヒデキさんとアキオさんに共通しているのは、妻が、本当は働きたいのに、夫の職業役割を優先させた結果、働くことを我慢しているという点である。このことに対する「妻への申し訳なさ」が、彼らの「割り切り」を難しくして、葛藤感を高めているように思える。

このように、ヒデキさんやアキオさんのようなタイプの父親は、育児をめぐる理想や規範意識と現実の間のギャップによって、育児参加が少なくても、いやむしろ育児参加が少ないからこそ、育児に関する悩みを抱えているのである。こうしたタイプの父親が少なからずいるという実態をふまえるならば、「育児をしない男を、父とは呼ばない。」のスローガンに代表されるように、父親の育児参加の促進を「父親の意識改革」に求めるタイプの言説は、問題を生じさせている社会的背景を覆い隠すばかりか（広田 2006：183）、父親たちをますます精神的に追い詰めてしまう危険性を持ちあわせているといえるだろう。

3　育児のせいで仕事ができない！

父親が唯一の、あるいは主たる稼ぎ手である家庭では、一般には、家族の収入を確保するために、父親の仕事は何にもまして優先される。したがって、そうした家庭では、父親の育児参加も、「仕事と摩擦がない限りにおいて実践される」のであり、あくまで「仕事優先の基本は貫かれる」（舩橋 2006：151-152）とされてきた。先に述べた父親の「育児ストレス」研究（冬木 2003）においても、多くの父親たちが「仕事のせいで育児ができない」というタイプの葛藤に由来するストレスを感じているのに対して、「育児のために我慢している」「育児のために仕事が犠牲になっている」といったタイプのストレスを感じている父親は少ないことが示されている。これは、父親の大半が家庭における唯一の稼ぎ手または主たる稼ぎ手であることにより、「仕事と摩擦がない」範囲内での育児参加にとどまっていることが多いからであると考えられる。

とはいえ、父親は育児のために仕事を犠牲にすることがまったくないというわけではない。調査対象者のなかにも、仕事をある程度犠牲にして育児に参加し、その結果「育児のせいで仕事ができない」と悩んでいる事例が確認できた。以下では、三名の事例をもとに、この種の葛藤の詳細について見てみよう。

子育てで研究時間を失うのは大きな損失

地方国立大学工学部教員のヒロムさん（四〇代前半、事例20）は、八歳年下の妻と一歳の息子の三人で暮らしている。

妻は、結婚前は金融関係の会社に勤めていたが、ふたりで話し合った結果、結婚を機に退職することにした。結婚以来妻は働いていないが、将来やりたい仕事があり、その準備を少しずつ進めているという。彼もできる限り妻の夢を叶えてやりたいと考え、家事・育児を積極的に担っている。朝は出勤前に弁当を詰め、布団を上げて洗濯機を回し、子どもを着替えさせ、時間があれば子どもに朝食を食べさせている。夜は、子どもに食事を与え、子どもを風呂に入れ、布団を敷き、洗濯物をたたんでいる。妻の炊事で手伝いが必要なときには、彼が手伝うこともある。

彼がこれだけ家事・育児に積極的にかかわることができるのは、自己裁量の度合いが高い仕事だからである。子どもが生まれる前は、平日は毎日午後一〇時半頃まで職場に残って仕事をしていたし、土日にも仕事をしていた。しかし、子どもが生まれてからは、平日は午後六時半には帰宅の途につくようになり、土日は出張や入試のとき以外は家族と過ごすようになった。

ただし、自己裁量の度合いが高いとはいえ、あらゆる種類の業務を自由に減らすことができるわけではない。彼の主な業務内容は、学内運営、学生の教育、そして研究であるが、学内運営や学生の教育に費やす時間はほとんど減らせないため、研究時間を削って家事・育児を行っている。研究時間を削っても当面は給料が減ることはないが、長期的に見れば、研究業績が上げられないことが昇進や転出の際の不利に結びつくおそれがある。また彼は、将来は研究論文で賞を獲ったり、研究成果で特許をとったりしたいと思っているが、現在、研究時間が仕事全体に占める割合は「五％くらい」でしかない。そのため、常にフラストレーションがたまった状態であるという。

いまのところ収入を得られるのは彼だけなので、経済的な面で家族に不自由をかけないように仕事を頑張らねばという気持ちもある。同時に彼は、子どもの教育や妻の負担の軽減のためには父親が家事・育児にかかわることが重要であるとも考えている。こうした葛藤について、彼は次のように語る。

　大きな問題のひとつが、研究者にとって、子育ての時期と、最も斬新な研究成果が得られる可能性のある時期が一致しているということだと思います。私たちの分野では、通常、研究者は、三〇代から四〇代でその後二〇年間の研究のベースを作ることを要求されています。この最も大切な時期に研究時間を失ってしまうのは大きな損失です。

仕事に集中できる独身の人が羨ましい

アツシさん（三〇代後半、事例23）は、政府系シンクタンクで主任研究員を務めている。国際線の客室乗務員である妻と、一〇歳の娘、〇歳の息子の四人で、都内のマンションに住んでいる。面接時には、下の子どもが生まれたばかりで、妻は育児休業中であった。

妻は、職務形態上、一度に一週間から一〇日間ほど続けて家を空ける。そのため、妻の仕事中は、ベビーシッターを雇ったりしつつ、保育園の送り迎えや身の回りの世話など、娘の育児のほとんどを彼ひとりで担当してきた。また、小学三年生のときから娘を学習塾に行かせているが、やはり妻の仕事中には、彼が仕事を早く切り上げて、娘の送り迎えをしている。こうしたことが可能なのは、ヒロムさん（事例20）と同じように、彼の業務における自己裁量の余地が大きいからである。

しかし、労働時間を削っての育児遂行は、彼に葛藤をもたらした。娘が生まれてしばらくの間は、彼は家族生活に対して相反する感情を持っていた。一方で、家族ができたことで、自分が頼られる満足感を感じたが、他方で、「自己犠牲的な感覚」を感じることもあったという。

　ひとり目の子が産まれた直後というのは、やっぱりこう、何ていうんですかね、家族のために、自分が犠牲になっていると思っているようなところが大きくて、もっと自由な時間があれば、好きな仕事でもなんでも、もっと打ち込めるのにという思いが強かったんです。

独身のときは、時間もお金も自由に使えたし、自分の好きな研究をやって成果を上げていくことを中心に生活を組み立てていたが、子どもが生まれるとそうはいかなくなった。業績主義の度合いが高まるほど、家族を持てば、仕事に使えるエネルギーと時間が少なくなり、職業上は不利になる。つい最近までは、仕事に集中できる独身の人を羨ましく思っていたという。

勇気を振り絞って異動を申し出てみたものの

シュウタロウさん（三〇代後半、事例16）は、大手家電メーカーの生産管理部門で課長級の地位にある。一歳年下の妻、一一歳と七歳の娘の四人で、九州北部の都市に住んでいる。

妻は、結婚前は会社員だったが、毎日遅くまで残業があり、お互いの職場が離れていたため、体力的にこれ以上仕事を続けるのは無理だと判断し、結婚を機に退職した。結婚以来、家事はほとんど妻が行っており、彼がするのはゴミ捨て程度である。育児については、当初は、妻から積極的に参加することを期待されていたが、彼には妻ほどうまく育児ができず、そのことに妻も満足できないため、「手伝い程度」の参加だったという。

シュウタロウさんが、仕事と育児をめぐる最も深刻な葛藤を経験したのは、長女が生まれて間もない頃だった。当時彼は九州北部の事業所で国内営業を担当していたが、毎週火曜日から金曜日まで大阪に出張するという日々を送っていた。そのため妻は、週の半分以上、生まれたばかりの娘の世話をひとりだけで行わなければならなくなり、妻の不満・不安がつのって夫婦げんかが絶えなくなった。

彼も精神的に不安定になって、何をやっても体がだるく感じられるようになった。

仕事もそのときすごく忙しくて、家庭でも子どもが産まれて忙しくて。まあそういう状態で、両立なんかできないなと思って、会社に言いました。「内勤にしてくれ」と。そりゃあ、決断がいりましたよ。かなり勇気を持って言いました。だけど、このままだと、もう駄目。仕事も家庭も両方失ってしまうなと思ったから。

将来のキャリアを考えたとき、与えられた仕事を断ることにはかなりの抵抗があったが、仕事も家庭も両方失ってしまうよりはましだと思い、苦渋の選択の末に、彼は営業職から出張のない内勤に移してもらうよう会社に申し出た。内勤になったことで家庭で過ごす時間が増え、家族関係はある程度落ち着いてきたが、彼自身、二年間くらい元気のない時期が続いたという。

仕事を通した自己実現と社会的成功へのこだわり

すでに述べたように、これまでの多くの研究では、父親が唯一の、あるいは主たる稼ぎ手である家庭では、家庭の収入を確保するために、父親の育児参加は仕事と摩擦がない範囲で行われるとされてきた。そして、父親の時間的余裕（労働時間・帰宅時間）と育児時間との相関関係については、前者が後者を規定するという方向での因果関係として仮定または解釈されてきた（内閣府 2003：64，永井

2004, 松田 2005)。すなわち、労働時間をはじめとする父親の労働環境は「父親の意思の及ばない外生的な状況要因」であると見なされてきた(小笠原 2009)わけである。

しかし、そうした研究の前提とは異なり、本節で取り上げた事例においては、父親がある程度労働時間を減らして育児に参加している。アツシさん(事例23)の場合は共働きであるが、ヒロムさん(事例20)とシュウタロウさん(事例16)は家族で唯一の稼ぎ手である。特に、シュウタロウさんの場合、ヒロムさんやアツシさんのような自己裁量の度合いが高い職種ではなかったが、妻の育児をサポートするために、あえて昇進に不利な、労働時間がより少ない部署への異動を自ら申し出ている。

序章でもすでにふれたように、現代社会においては、サラリーマンの働き方の個人化が進み、職場組織の制度として多様な働き方の選択肢が準備されるようになったというだけでなく、社会一般の規範においても多様な働き方が許容されつつある。もちろん、すべての人々に対してそうした働き方の選択肢を自由に選ぶ機会が平等に開かれているわけではないし、多様な働き方に対して同等の価値づけがなされているわけでもない。それでも、労働時間が「父親の意思の及ばない外生的な状況要因」であると一概にはいえなくなってきていることは確かであり、「労働時間などの労働環境を意思によって可変と捉え、父親が仕事と育児をいかに調整するか(あるいはしないか)に焦点を当てる」(小笠原 2009)ことが必要になっているということは、これらの事例からも明らかであろう。

このようにいうと、本節で取り上げた3人の事例は、従来の研究の知見とはまったく逆の事実を示しているように思えるかもしれない。しかし、注意深く見てみると、必ずしもそうとはいえない。先行研究が指摘してきたのは、「家庭の収入を確保する」という目的を果たすうえで「仕事と摩擦がない範囲」で父親の育児参加が行われるという点であった。本節で取り上げた事例においても、父親たちは、確かに育児参加のために仕事を減らしてはいるものの、「家庭の収入を確保する」という目的に支障をきたすほど仕事を減らしているわけではない。彼らの時短労働は、「稼ぎ手役割」、すなわち当面の雇用と収入には影響のない範囲にとどまっている。

では、労働時間を減らすことで彼らが「失った」と感じているものは何なのであろうか。それは、「業績」であり、「キャリアアップの可能性」であり、「職場での体面」である。確かに、長期的に見ればこれらの要素が雇用の安定や収入に影響を及ぼす可能性は否定できない。しかし、彼らが感じている「不満」は、「稼げない」ことによる不満というよりも、むしろ仕事を通した「自己実現」や「社会的成功」が阻害されていることへの不満である。それが、彼らをして、「犠牲になっている」と感じさせ、元気をなくさせたのであろう。

父親たちがもっと育児に参加するためには、労働時間を減らすことが必要であり、そのためには、父親たちが「稼得責任」つまり「稼ぐこと」へのプレッシャーからもっと解放されることが必要（渡辺・永井 2009）なのは確かである。しかし、これらの事例を見れば、それだけでは十分ではないように思える。サラリーマンの父親たちが、労働時間を減らそうと思えば減らせるのに減らさず、あえて長時間労働に励むのは、何も「たくさん稼ぐため」だけではないだろう。仕事を通した「やりがい」「自己実現」「社会的成功」への志向も、彼らを長時間労働へと追い立てている要因なのではないか。

そうだとすれば、妻が働いていたり、労働時間を少々減らしても生活していけるだけの収入が得られる場合であっても、育児をするために労働時間を減らすことに抵抗を感じるし、やむなく労働時間を減らした場合には「育児のせいで仕事ができない」と悩むことになる。

こうした父親たちの悩みは、子どもを持つ多くの女性たちにとっては「贅沢な悩み」と感じられるかもしれない。これまで、多くの女性たちが、「世話」をはじめとする「子育てのより地味な部分」(中谷 1999) の責任を果たすために、「自己実現」や「社会的成功」との結びつきをほとんど感じられない不本意な業務に甘んじたり、たとえ自分で「稼ぎたい」と思っても退職を余儀なくされて「稼げない」状態に置かれてきた。したがって、育児参加によって「社会的成功」のチャンスが縮小したことについての父親たちの不満を過度に強調すれば、結果的に、母親たちが置かれてきたより深刻で不公平な現状を見えにくくさせるとともに、父親たちの「社会的成功」のために母親たちを再び家事・育児責任へとへと引き戻してしまいかねないことには注意が必要である。

とはいえ、職業領域が「男性領域」として定義されているわれわれの社会においては、「稼ぐこと」に加えて、仕事を通した「自己実現」や「社会的成功」の阻害が個人のアイデンティティにもたらすダメージは、一般的には女性よりも男性にとってより大きいと思われる (多賀 2006：142)。「稼得責任」の軽減が、父親の育児参加の促進の前提条件であることは間違いないだろうが、その最終的な鍵は、男性が仕事を通した「自己実現」や「社会的成功」へのこだわりからどれだけ自由になれるかにあると思われる。

4　葛藤の克服と「育児参加」の意味づけ

前節までに、職業責任と育児責任の葛藤を経験した五人の父親の事例を示したが、そのうちアッシさん（事例23）とシュウタロウさん（事例16）のふたりは、その後、この種の葛藤を克服している。ただし、その克服のプロセスは両者で異なっている。彼らのその後の様子を見てみよう。

葛藤克服のプロセス

前節で示したように、政府系シンクタンク研究員のアッシさん（事例23）は、国際線の客室乗務員である妻と育児責任を分け合うために、仕事の時間を削って育児に参加してきた。それにより、当初は、「家族のために自分が犠牲になっている」との不満を覚え、仕事に集中できる独身の人を羨ましく思っていた。

しかし、そうした生活を続けるうちに、彼の考え方は変化してきた。

研究者として大成したいのであれば、家族も持たないで、全身全霊を研究にかけるという生き方もあるでしょう。でも、結婚した時点で自分はもうその道を選んでいないわけです。そして最近は、家族を犠牲にしてまでして仕事で何かをやり遂げようとは思わなくなってきたんです。

子どもが生まれるまでは、仕事をすることは自分のためだと感じていたが、次第に、仕事は家族生活を送るためのものでもあると感じるようになった。さらに、仕事以外に自分の存在意義を感じられる家族の存在をありがたく思うようになり、かつては羨んでいた独身の人たちに対して、「一生仕事にしか自分の生き甲斐や存在意義を感じられないのは気の毒」との思いを抱くようになった。長女が生まれてから一〇年たってようやくふたり目の子どもを持とうと決心した背景には、そうした心境の変化がある。

合理的に考えていたのでは、子どもを持つという選択は絶対にできません。いまでは、子どもを育てることには、損得勘定を超えた、何ものにも代え難い喜びがあると感じています。

しかし、だからといって仕事がどうでもよくなったわけではない。限られた時間のなかで、これからも最良の仕事をしていきたいと、アツシさんは考えている。

一方、大手家電メーカー勤務のシュウタロウさん（事例16）は、前節で示したように、長女が生まれて間もない頃、あえて昇進に不利な内勤職への異動を自ら申し出て、妻の育児をサポートする時間を確保してきた。それにより、家族関係は安定してきたが、自分の境遇を心から受け入れることができず、元気のない日々が続いていた。

しかし、次女もある程度大きくなって妻に精神的な余裕が出てくると、彼は、よりやりがいがあって昇進にも有利な営業職に戻りたいと思いはじめた。同じ事業部門内で一度断った職務に戻してもらうことは難しかったので、別の事業部門に異動を申し出て、そこで再び営業を担当することになった。さらに、面接の二年前には、社内で最も重要な部署のひとつである生産管理部門に抜擢され、翌年には課長級に昇進した。現在、どんなに仕事の効率を上げても超過勤務は避けられず、少なくとも平日は毎日朝七時半頃から夜八時半頃までは会社にいなければならないが、仕事にはとてもやりがいを感じているという。

彼は、独身のときには、自分に何も「拠り所」がないので、出世欲や自己顕示欲に支えられてがむしゃらに働いていたという。しかし、結婚して子どもができると、仕事をするうえで、家族を支えることに比べれば、出世などは大した比重を占めなくなってきた。

娘たちの将来を考えると、自分が娘たちの手本になりたいとか。あとまあ、俗物的に、給料たくさんもらって、娘たちに習い事をいっぱいさせたいとか。あともうひとつは、娘たちに海外の暮らしを体験させてあげたいというのがあって、それはやっぱり、モチベーションになりましたね。

現在、平日の子どもの世話と家事は妻任せであるが、週末は子どもの習い事の送り迎えをし、家族で買い物や外食を楽しんでいる。彼は、こうした自らの生活を指して、「家庭の時間を犠牲にして仕事に没頭する」のではなく、「うまく家庭と仕事を両立している」と評価している。

アツシさん（事例23）もシュウタロウさん（事例16）も、ともに、職業責任と育児責任の葛藤を経験した後、その葛藤を克服している。しかし、その克服のプロセスは、アツシさんとシュウタロウさんとでは異なっている。第一に、アツシさんが、子どもの「世話」をできるだけ妻と対等にしようと努めてきたのに対して、シュウタロウさんの場合、子どもの「世話」はあくまで妻中心で行われてきた。第二に、子どもの「世話」のために労働時間を削るという選択をいったん行った後の再選択の方向性にも違いが見られる。アツシさんは、労働時間をそれほど増やすことなく、長女の誕生から一〇年後にふたり目の子どもをもうけて、再び子どもの「世話」を本格的に担うという選択を行っている。他方、シュウタロウさんは、次女がある程度成長して妻に精神的な余裕が出てくると、再び「世話」役割の大部分を妻に任せて、自らは労働時間の長い部署への異動を申し出ている。第三に、アツシさんの場合、自らの父親としてのアイデンティティにおいて職業責任と世話責任がほぼ対等なかたちで統合されているのに対して、シュウタロウさんの場合、あくまで職業責任が中心となって父親としてのアイデンティティが再編されている。

庭野晃子は、就学前の子どもの「世話役割」を担ってきた父親へのインタビューにもとづき、父親たちが「世話役割」を自らの役割として内面化していく過程において、仕事への野心を相対化し、上昇志向を減少させたことをネガティブにとらえることなく、「稼ぎ手役割」と「世話役割」の両方を併せ持った「ダブル・アイデンティティ」を創出していく様子を明らかにしている（庭野 2007）。アツシさんの事例は、庭野のこうした知見を支持するものである。

前節の最後に述べた、仕事を通した自己実現や社会的成功へのこだわりという点から見れば、仕事と育児の葛藤を経て、アッシさんはそうしたこだわりから比較的解放されたのに対して、シュウタロウさんはそうしたこだわりを現在でもある程度持ち続けているといえるだろう。ただし、アツシさんは、仕事と育児の間の葛藤に悩みながらもそれなりの業績をあげ、現在は管理職の立場にある。もし、アツシさんが、育児に積極的に参加した結果、業績をなかなかあげられず昇進も思うようにできなかったとすれば、現在のような意識でいられたかどうかはわからない。アツシさんの、仕事を通した自己実現や社会的成功へのこだわりの少なさは、一定程度そうした目的を達成したという余裕がもたらしたものなのかもしれない。

「育児参加」への多様な意味づけ

これまでの研究では、男性の「家庭志向」は必ずしも男女対等な家事・育児分担への志向や育児休業の取得希望とは直接結びつかないこと、そして、その理由を明らかにする鍵のひとつが「家庭志向」のタイプを細分化してとらえることにあることが指摘されてきた（斧出 2003）。このことは、本章でこれまでに取り上げた事例からもうかがえる。

事例で取り上げた父親たちの「父親の育児参加」のとらえ方は一様ではなく、そこには大きく分けてふたつのタイプの解釈が見られる。ひとつは、「父親の育児参加」を、妻と育児責任を分け合うこととととらえ、担当する育児の内容や時間が妻と対等かどうかを基準として自らの「育児参加」や「仕事と家庭生活の両立」の達成度を判断するというタイプの解釈である。このタイプの解釈は、面接時のアツシさん（事例23）をはじめとして、夫婦で地方公務員のノブオさん（事例22）、夫婦で公立小学校教員のサトシさん（事例26）、自らは私立高校教員で妻は会社員のコウジさん（事例24）といった、妻も正規雇用労働者である父親に典型的に見られた。

もう一つは、「夫は職業責任、妻は家事・育児」という性別役割分業を前提としたうえで、自己完結的に自らの「育児参加」や「仕事と家庭生活の両立」の度合いを判断するというタイプの解釈である。面接時のシュウタロウさん（事例16）の場合、平日の家事や子どもの世話のほとんどを妻に任せているが、週末には家族と一緒に過ごす時間を確保するとともに、自分で納得のいくかたちで仕事ができている状態を指して、「うまく家庭と仕事を両立している」と考えている。携帯電話関連会社社員のリョウさん（事例19）の場合も、平日は朝七時に家を出て夜一一時過ぎに帰宅しており、二歳の娘の世話はふたり目を妊娠中の妻がほとんどひとりで担当しているが、週末に子どもの世話をすることで、「仕事と家庭生活のバランスはとれている」と考えている。

後者のタイプの父親たちは、「稼ぎ手役割」を父親としてのアイデンティティの中核に据えつつ、職業活動に支障のない範囲で子どもと過ごす時間を積極的につくりだすことで、「仕事と家庭生活のバランス」を保とうとしている。山瀬範子は、保育園児と幼稚園児の親の調査から、父親は「家族を経済的に支えること」を「父親の育児行為」と考える傾向にあるのに対して、母親はそれを「父親の育児行為」のひとつとは見なさない傾向にあることを見出している（山瀬 2006）が、後者のタイプの父親たちからは、まさにそうした傾向がうかがえる。職業活動と育児責任を切り離し、育児責任を果たすために職業活動を断念せざるを得なかった母親たちにとっては、後者のタイプの父親たちの状況は「育児のいいとこどり」（永井 2004）と映るかもしれない。

こうしたタイプの父親たちが一定の割合で存在していることが、男性の「家庭志向」や「育児参加志向」が必ずしも男女対等な家事・育児分担への志向や育児休業の取得希望に結びつかない状況をもたらしていると思われる。ただし、育児にかかわりたくてもかかわれない状況に置かれているような男性にとっては、こうした対処方法は、葛藤を弱めて現実に適応するためのやむをえない選択なのかもしれない。

5　仕事と育児をめぐる葛藤をもたらすもの

これまで、サラリーマンを中心とした父親たちの生活史事例をもとに、父親の仕事と育児をめぐる葛藤の現状とそれに対する彼らの意味づけの仕方を見てきた。ここで得られた知見は、おおよそ次のようにまとめられる。

仕事と育児をめぐる男性たちの葛藤は、大きく分けて、職業役割遂行のために育児参加が制約されることを悩むタイプ（「仕事のせいで育児ができない」）と、育児責任遂行のために職業活動が制約されることを悩むタイプ（「育児のせいで仕事ができない」）とに大別される。「仕事のせいで育児ができない」と悩む父親の事例からは、家族で唯一の、または主たる稼ぎ手であることが彼らを長時間労働から逃れにくくしていること、また、妻も働きたいと望んでいるのに育児のために働けないという「妻への申し訳なさ」のために、育児の責任を妻に委ねてしまうこともできない様子がうかがえた。「育児のために仕事ができない」と悩む父親の事例からは、育児のために仕事を減らすことで、たとえ稼ぎ手としての役割は脅かされなくても、仕事を通した自己実現や社会的成功のチャンスが少なくなることへの不満や不安を感じていることがうかがえた。

こうした父親たちの葛藤のあり方やそれに対する感じ方が、あらゆる地域、あらゆる社会階層の父親に広く当てはまるものなのかどうかについては、本書とは異なる層の父親を対象とした他の研究等も参照しながら慎重に判断していく必要があるだろう。ただし、調査で確認された父親たちの葛藤は、男女平等の理念を真っ向から否定できないことや、業績や昇進といったメリトクラティックな価値へのこだわりと深く関係しているという点で、都市中流階層のサラリーマンの父親にきわめて典型的な葛藤といえるのではないかと思われる。

小笠原祐子は、性別役割意識を多元的にとらえる試みとして、伝統的な男性役割と女性役割を組み合わせただけの「男性は仕事、女性は家事・育児」に寛容か非寛容かという一元的なとらえ方ではなく、①男性が非伝統的な役割（家事・育児）を獲得すること、②男性が伝統的役割（仕事）を女性に委譲すること、③女性が非伝統的な役割（仕事）を獲得すること、④女性が伝統的な役割（家事・育児）を男性に委譲すること、という四つの要素のそれぞれについて寛容か非寛容かを見るという方法を提起している。そのうえで小学生以下の子どもを持つ首都圏の共働きの父親たちに対するインタビュー調査の結果を分析し、「伝統的役割の委譲より、非伝統的役割の獲得の方が容認されやすい傾向」を見出している。(小笠原 2009)。

いま、父親たちには育児という新たな役割が期待されるようになり、多くの父親たちは、程度の差はあれ、この期待を受け入れている。つまり、小笠原の枠組みにしたがうならば、父親たちは、非伝統的役割の獲得をある程度達成しているといえる。しかし他方で、父親たちには依然として職業役割を果たすことが社会的に期待されており、父親たち自身もその役割に縛られている。つまり、伝統的役割の委譲には、社会の側も父親たち自身もいまだきわめて消極的である。その結果、伝統的役割と非伝統的役割の二重負担によって、多忙化したり、精神的に追い詰められたりしている。

先に、父親たちの育児参加の最終的な鍵は、仕事を通した自己実現や社会的成功へのこだわりからの解放であると述べたが、父親たちの様子を見ている限り、そのことは、新たに育児に参加することよりもはるかに困難なことのように思える。仕事と育児の間の葛藤の問題に限らず、われわれがこの流動化する社会に適応していくための秘訣は、ジグムント・バウマンが鋭く指摘しているように、新しい慣習をすばやく習得すること以上に、過去の習慣をいかにうまく断ち切るか(Bauman 2001＝2008：174)にあるのかもしれない。

第4章　教育するサラリーマン
――チューターとしての父親像の台頭

多賀　太

《要　約》

「教育ママ」という言葉はあっても「教育パパ」という言葉がなかったように、サラリーマン家庭においては、育児のみならず子どもの教育も母親の専管事項と見なされてきた。ところが、今世紀への転換期頃から、「父親の家庭教育」を求める声が高まってきた。ただし、政府が唱える「父親の家庭教育」とは、従来からその重要性が主張されてきた「しつけ」や「世話」のことであり、それほどの目新しさはない。むしろ、新しい動きは、サラリーマンを主な読者層とする商業雑誌において、父親が子どもの学校選択や受験勉強の支援、すなわち「チュータリング」に積極的にかかわるべきであると喧伝されるようになったことである。商業雑誌の記事分析とインタビューで得られた父親たちの生活事例からは、こうした動きが、階層構造の変化とジェンダー構造の変化を背景として生じてきたことがうかがえる。膨張した中流階層の二極化が進行するなかで、子どもの階層下降を防止したいと考える父親たちは、母親任せではなく夫婦の総力をかけてチュータリングを行う必要性を痛感させられている。他方で、チュータリングへの参加は、サラリーマンの父親にとって、家庭役割への男女共同参画を実践しつつ、父親としての権威を示せる機会ともなっている。

1　父親の家庭教育ブーム

ちょうど「団塊の世代」にあたる総合商社勤務のミノルさん（五〇代後半、事例27）は、一九七一年の入社以来まさに仕事中心の生活を送ってきており、家事はもちろん、一男一女の世話も教育もほとんど妻任せだったという。

シドニーに家族で住んでいたときは、週末も取引相手やら日本からの訪問客やらの接待で三ヶ月間まったく休みがとれないこともあって、近所の爺さん婆さんたちからは「おまえのところは母子家庭か」っていわれるくらいで。息子が高校生のときには、（オーストラリアの）パースに単身赴任、娘が大学受験のときにはニューヨークに単身赴任で、節目節目の肝心なところで父親が全然いない状態でした。いまだに女房からは「父さんはひどい。子どもの教育を何も見ていない」といわれますよ。だから僕は、子どもたちに一切「勉強しろ」っていってませんし、いえなかった。もう、ほったらかしです。そういう意味では、女房がよくやったといえば、よくやったんですね。

ミノルさんほど極端ではないにせよ、「団塊の世代」やもう少し若い世代の場合、家庭教育といえば母親が行うものというのが常識だったに違いない。ところが、二一世紀への転換期前後から、父親に「家庭教育」への参加を求める声が盛んに聞かれるようになってきた。

もっとも、前章でもふれたように、父親に子育てへの関与を求める声が聞かれること自体は、特に目新しい現象ではない。父親のあり方をめぐる議論の整理を試みた従来の研究は、そうした主張が、少しずつかたちを変えながら戦後を通じて繰り返し行われてきたことを明らかにしている（神谷 1998：黒柳 2000：小玉 2001：中田他 2001）。本章では、内容のいかんにかかわらず、これらの父親に関して表現された内容のことを「父親言説」と読んでおく(1)。

筆者はこれまでに、右に挙げた研究を含めて過去の父親言説にかかわる議論を通覧し、そこに見られるふたつの潮流を指摘してきた（多賀 2005）。ひとつは、「権威としての父親」である。これは、父親と母親の役割の違いを強調し、社会とのつながりによってもたらされる父親の「権威」を背景として父親に家庭での「しつけ手」としての役割を果たすことを求めるタイプの言説である。この種の父親言説は、すでに一九六〇年代の初期から見られ（児童研究会 1961）、第一次オイルショック後の一九七〇年代半ばには「父親不在」という言葉とともに人々の間に広く流布していった（NHK「七〇年代われらの世界」プロジェクト 1974）。そして、一九八〇年代から九〇年代にも、景気の低迷や少年非行の問題化の時期になると、必ずといってよいほど脚光を浴びてきた（児童研究会 1983，1988：林 1996：正高 2002）。

もうひとつのタイプの父親言説は、「ケアラーとしての父親」（船橋 1999）である。これは、父親と母親の役割の違いをことさら強調せず、乳幼児の世話を含めた広範な子どもへの関与を父親に求めるものである。この種の言説は、一九九〇年代前後から、性別役割分業を問い直そうとする立場での実証研究（柏木編 1993：牧野他編 1996）や市民運動（育時連 1989：メンズセンター編 1996）のみならず、「育児をしない男を、父とは呼ばない。」というキャッチフレーズに象徴される、少子化に歯止めをかけたい政府の施策にも後押しされて、今日まで広まってきた。前章で検討した父親の仕事と育児をめぐる葛藤は、まさにこの「ケアラーとしての父親」言説の登場を背景として生じた葛藤である。

したがって、近年の「父親の家庭教育」ブームに目新しさがあるとすれば、それは父親に子育てへの関与を求めること自体にあるのではなく、父親の子育て関与を「家庭教育」という用語で表現している点にあるといえる。

では、近年の「父親の家庭教育」言説は、父親に子育て関与を求めてきた従来の言説とどのような関係にあるのだろうか。なぜ、最近になって「家庭教育」というかたちで父親の子育て関与の必要性が語られるようになってきたのだろうか。また、「父親の家庭教育」言説は、父親たちによってどのように受け止められており、父親たちの生活にどのようなインパクトを与えているのだろうか。

本章では、これらの問いに答えるべく、考察を進める。まず、父親たちの具体的な生活事例の検討に先立ち、第2節と第3節で、「父親の家庭教育」にかかわる諸言説において「家庭教育」の語が具体的に「教育」のどのような側面を指して用いられているのかを明らかにし、そこに見られる複数の意味の「家庭教育」それぞれを背後から支えていると思われるイデオロギーを確認する。次に第4節で、雑誌記事の内容と父親に対するインタビューで得られた事例にもとづき、新しいタイプの父親言説である「チューターとしての父親」言説が台頭してきた背景を探る。最後に第5節で、親の経済力と教育意識が子どもの将来を左右するというペアレントクラシー・イデオロギーとのかかわりで、サラリーマンの父親たちの家庭教育参加の現状を考察する。

2　審議会答申における「父親の家庭教育」——「しつけ」と「世話」

父親に対して「家庭教育」の重要性を説く近年の諸言説を注意深く見てみると、「家庭教育」という用語の指す内容が、政府の審議会答申や啓発パンフレットと、商業雑誌とで大きく異なっていることに気づく。そこで、まずは審議会等における「家庭教育」の用法と、その背後にあるイデオロギーについて検討してみよう。

新保守主義的用法——「しつけ」

政府の審議会等の答申において、「父親の家庭教育」という語を用いて家庭教育に関する提言が初めて行われたのは、一九九六年七月の中央教育審議会（以下、中教審）答申（「二一世紀を展望した我が国の教育の在り方について（第一次答申）」である。これに続いて、一九九八年六月の中教審答申（「新しい時代を拓く心を育てるために」――次世代を育てる心を失う危機）では、「正義感・倫理観」の涵養や「社会全体のモラルの低下」の問い直しといった道徳や社会秩序を強調するトーンが貫かれるなかで、「父親の家庭教育」についてさらに踏み込んだ提言がなされている。家庭教育に関する三四の提言のうちのひとつである「父親の影響力を大切にしよう」という項目では、次のようなかたちで父親に対する要望が述べられている。

父親の存在が希薄化する中、子どもたちについては、ともすれば母親の顔色ばかりを気にし、母親にとっての「良い子」になろうとする傾向があるが、我々はそうした子どもたちの姿を見つめ直してみるべきである。そして、家庭から父親の姿が後退し、「友達のような父親」像をよしとする雰囲気が広がる中、社会における善悪のルールなどに関するしつけがおろそかになってきたという指摘に耳を傾けなければならない。

父親が、しつけに関する基本的な考え方を共有しながら、母親とは異なった視点や手法で子育てにかかわっていくこと、密着しすぎになりがちな母子関係を修正する役割を果たすこと、すなわち、夫婦で複眼的な子育てをしていくことを大切にしてほしい。

父親が適切な影響力を発揮できるよう、母親は、パートナーとしてそれが可能となる環境づくりに配慮すべきである。（中略）母親が子どもの前で父親を誹謗したり、見下したりする態度を示すことは、子どもの父親像をゆがめ、多大な悪影響を及ぼすことは明らかである。

この一九九八年答申は、前年に起こった神戸連続児童殺傷事件を受けて提出されたものであるため、父親に向けられたこれらの要望が、この事件を強く意識して書かれたことは間違いないだろう。それでも、ここに見られる主張は、近年の新自由主義的改革によって助長された個人主義や利己主義にブレーキを掛け、伝統や規範の強調によって秩序維持と社会統合をはかろうとする「新保守主義」のイデオロギー（本田 2008a：9）から強い影響を受けていることがうかがえる。

ただし、そこで求められている父親像は、従来のものと比べてそれほど目新しいものではない。「父親の家庭教育」に関して、右の引用事例に見られる特徴は次のようなものである。第一に、ここでいう「家庭教育」とは、主として「しつけ」を意味している。第二に、その「しつけ」においては父親と母親の資質の違いが想定されている。第三に、父親が効果的な「しつけ」を行うために父親の存在感と権威を高めることが意図されている。これらは、第一節で示した「権威としての父親」言説が持つ特徴となんら変わりはない。つまり、政府主導で一九九〇年代半ばからその重要性が唱えられてきた「父親の家庭教育」とは、主としてこの「権威としての父親」の系譜に位置づけられるものであるといえよう。

男女平等主義的用法——「世話」

しかしながら、審議会答申等の政府文書において、「父親の家庭教育」が常に「しつけ」の意味で用いられているわけではないし、「父親の家庭教育」の強調によって父親の権威の回復が常に意図されているわけでもない。例えば、先にふれた一九九六年中教審答申の「夫婦間で一致協力して子育てをしよう」という提言項目では、父親の存在の希薄化がもたらす問題として、子どものしつけ不全よりも、母親への子育て負担の集中と、それによる母親の子育て不安が挙げられている。

文部科学省生涯学習政策局が主催した「今後の家庭教育支援の充実についての懇談会」二〇〇二年三月中間報告のなかの「家庭教育支援についての基本的考え方」でも、「子育て」ではなく「家庭教育」という語を用いて次のように述べられている。

> 父親の家庭教育参加が少ない状況の中で、孤独な育児により困難な状況に追い込まれる母親がいる一方で、働く母親には仕事と子育ての両立に悩むといった問題があると指摘されています。家族を構成する男女が相互に協力するとともに、社会の支援を受けながら家族の一員としての役割を円滑に果たし、家庭生活と仕事や地域生活との両立を図ることができるように支援することが、男女共同参画社会の実現の観点からも大切だと考えます。

ここでは、「家庭教育」が、狭義の「しつけ」に限定されるのではなく、子どもの「世話」あるいは「面倒を見ること」のような広い意味でとらえられている。そして、父親の家庭教育参加によって母親の家庭教育負担を軽減し、女性の社会的な地位向上を目指そうという意図がうかがえる。

また、よりよい子育てのために母親が父親を尊重することが強調されていた中教審一九九六年答申とは対照的に、この中間報告では、次のように、むしろ父親に対して母親を尊重することを説いている。

> 父親は、夫婦の関係においても、母親の人格を尊重し子育ての努力を認めることが、いかに子育てによい影響を与えるかを知ることが大切です。

この種の言説が、母親の子育て負担の軽減を通じて出生率の低下を食い止め、将来の労働力を確保しようとする政財界の意向によっても支えられていることは確かであろう。それでも、「世話」の意味で「家庭教育」をとらえ、そうした「家庭教育」への父親の関与を求めるこの種の言説は、主として、家庭の内外で「男女共同参画」を推進し女性の地位を向上させようとする男女平等主義によって支えられているといってよいだろう。この種の「父親の家庭教育」の用法は、一九九〇年前後以来徐々に浸透しつつある「ケアラーとしての父親」の系譜に位置づけられるものであり、いまとなっては、やはり特段の目新しさはない。

これまで見てきたように、審議会答申等の「父親の家庭教育」言説において父親に求められている役割やその背後にあるイデオロギーは、従来の父親言説におけるそれらとほとんど変わりがない。しかし、従来は異なるイデオロギーを背景として別々の論陣によって唱えられてきた主張が、互いに矛盾を抱えながらも混ざり合い、同じ「家庭教育」の名の下で同一の主体によって唱えられているという点は、ある種の新しさであるといってよいだろう。例えば、一九九八年の中教審答申を受けて一九九九年から文部科学省によって作成されている『家庭教育手帳』(2)などは、その最も典型的な例である。

しかしながら、これら政府主導の「父親の家庭教育」言説は、近年の「家庭教育」ブームを支える「教育」のある重要な側面にはほとんど言及していない。それは、学校選択や受験勉強の支援である。こうした側面への父親の参加を求めているのは、サラリーマン男性を主な読者層とする一般週刊誌やビジネス誌である。そこで次節では、これらの商業雑誌における「父親の家庭教育」の取り上げ方の特徴について見てみよう。

3 商業雑誌における「父親の家庭教育」——「チュータリング」

政府審議会の答申等に比べれば、商業雑誌の記事のなかで「父親の家庭教育」という語がそのまま用いられることはそれほど多くない。しかし、「家庭教育」という語を用いるか否かは別として、父親に家庭での子どもの「教育」への関与を求める内容の記事が、二〇〇〇年前後から急に目立つよう

になってきた。(3)

前節で検討した政府文書と比較した場合、一般誌やビジネス誌における「父親の家庭教育」の取り上げ方には、ひとつの大きな特徴が見られる。それは、これらの記事において父親に参加が勧められている「家庭教育」とは、「しつけ」や「世話」というよりも、ほとんどの場合、学校選択や受験勉強の支援のことを指しているという点である。なかには、そうした狭義の「教育」ではなく、人間形成というような広い意味での「教育」についての記述が見られる場合もある。しかし、そうした人間形成において目指されているのは、社会秩序を維持するためにルールやマナーを他者と共有するといった「社会化」よりも、むしろ社会的な成功につながるような「文化資本」(Bourdieu 1979＝1989・1990)を獲得し、他者に対して「差異化」「卓越化」をはかることの方である。ここでは、「家庭教育」のうち、こうした学校選択や受験勉強の支援を中心として他者に対する子どもの「卓越化」を目指す側面を指して「チュータリング」と呼ぶことにしよう。

ビジネス誌において、父親の家庭教育を明確に意識した特集が組まれるようになったのは一九九〇年代後半であるが、この時期の特集においては、「チュータリング」にかかわる記事が含まれてはいるものの、どちらかといえば「しつけ」や「世話」に関する記事が中心であった。例えば、『プレジデント』(一九九七年七月号)の特集「娘が『超』危ない――父親の役割・責任とは」では、「進路の選択で父ができること」「娘を『幸福にする』学校の選び方」「社会経験の少ない彼女たちへのささやかなアドバイス――人生の先輩としてこんな就職を勧めたい」といった記事で、中学・高校・大学の学校情報や企業の採用に関する情報も掲載されてはいる。しかし、誌面の多くは、「しつけ」に近い内容の記事に割かれている。そこでは、ポケベルやPHSを使ったコミュニケーション、援助交際、性行動など、ティーンエイジャーの少女たちの現状に対する父親たちの認識不足を痛感させ、「いま父親は娘に何をしてやれるか」を父親たちに問いかけている。また、『週刊東洋経済』（二〇〇〇年一一月一八日号）の特集「あなたに問う父親の役割」においても、「学習内容大幅削減、公立校は大丈夫か」「学校同士の競争原理こそチャータースクールの原点」といった記事が見られるものの、中心的に扱われているのは、いじめや少年犯罪などの教育問題を背景として父親が子どもとどう向き合うかという「しつけ」や「世話」の側面である。

　ところが、二〇〇〇年代になると、「チュータリング」に特化した記事が増え始め、記事見出し自体も「チュータリング」を前面に押し出したものが目立ってくる。二〇〇〇年代になってからの「父

図４－１　『週刊ダイヤモンド』2006年４月15日号表紙

図４－２　『週刊東洋経済』2006年７月８日号表紙

親の家庭教育」関連記事の大きな特徴のひとつは、受験と選抜をめぐる競争が激化した現状を父親が理解していないことが「問題状況」として想定されている点である。例えば、『AERA with kids』創刊号（二〇〇六年三月）の特集「避けて通れない『子どもの進学』を考える」では、父親が持っている「三〇年前」の「進学常識」は、「子どもを取り巻く教育環境」が「大きく変わった」現在では通用しないとして、父親たちに注意を喚起している。また、『週刊朝日』（二〇〇二年四月二六日号）の「名門県立高から一流国公大へ――『地方エリート』父親が子をダメにする⁉ 小さな成功体験がアダ」という記事では、時代の変化のみならず、地方と都市部の違いという観点から、今日の都市部の受験事情についての父親の認識不足を論じている。すなわち、地方出身で、塾や私立学校に行かずに地元の有名公立高校を経由して都市部の有名国公立大学に進学した父親たちは、公立校への信頼が厚く塾や私立学校を否定的にとらえがちだが、そうした「地方の常識」は現在の都会では通用しないというのである。

したがって、こうした「問題」への解決策として、父親が受験事情を「正しく」理解し、「チュータリング」に「適切な」方法で「十分に」参加することが勧められることになる。読者の父親たちは、「父親が考える『中学・高校選び』息子・娘を入れたい学校」（『週刊ダイヤモンド』二〇〇三年六月二一日号）や「お父さんが知らない最新受験地図　激変！　学校力」（『週刊東洋経済』二〇〇六年七月八日号）といった記事によって、現在の学校選択や受験指導のための知識とノウハウを与えられる。そして、難関中学受験に成功した父子の受験奮闘記（『週刊ダイヤモンド』二〇〇六年四月一五日号）や、「父親の参入でさらに激化――過熱する中学受験ブームの今」（『中央公論』二〇〇六年九月号）といった記事などを通して、自らが「チュータリング」に参加する必要性を痛感させられることになる。

このように、政府文書のみならず商業雑誌の記事まで含めて考えるならば、近年の「父親の家庭教育」言説の目新しさは、従来からの「しつけ」と「世話」に加えて、学校選択や受験勉強の支援といった「チュータリング」を求める声によっても構成されている点に見出されるといえる。一九九〇年代の新しい父親像が「ケアラーとしての父親」だった（船橋 1999）とすれば、二〇〇〇年代の新しい父親像はこの「チューターとしての父親」であるといってよいだろう。

4　チューターとしての父親像の台頭

教育するサラリーマン

政府主導の言説であれば、たとえ国民の側にそれほどニーズがなくても、特定の政策的な意図によって啓発として発せられ続けることはあるだろう。しかし、商業雑誌は営利目的で発行されるものであるため、そこに特定のタイプの言説が広く見られるならば、読者の間にそうした言説へのニーズが一定程度存在していると考えられる。したがって、サラリーマンを主な読者層とする一般週刊誌やビジネス誌において「チューターとしての父親」言説が繰り返し唱えられているという事実は、そうした言説が、サラリーマンたちに何らかの点で魅力あるものとして一定程度受け入れられていることを意味している（天童・高橋 2009）。

サラリーマン家庭にとって、学歴獲得を中心とした家庭教育が重視されるのは、ある種の宿命であるともいえる。近代の日本において、教育への強い関心を持つ「教育家族」を生み出したのは、現代のサラリーマン層のルーツである大正期の「新中間層」であった。新中間層は、資本家などの上流支配層と下層労働者の中間に位置する階層であり、学歴を元手として専門職や事務職などの頭脳労働に従事しながら俸給によって生計を立てる点で、物の生産に直接従事する旧中間層とも大きく異なっていた。資産を持たない彼らにとって、子どもに親の社会的地位を引き継がせる唯一の方法は、教育を与えて学歴を取得させることだった。そのため彼らは、子どもを学校生活に適応させ、学歴を取得させるために、知的な側面での教育はもちろんのこと、学校生活で求められる礼儀作法や基本的生活習慣に関するしつけも重視した（沢山 1990，小山 1999：37-41）。こうした大正時代における新中間層の境遇は、現代のサラリーマン層にもほぼそのまま当てはまるものである。

ただし、近年まで、そうした意味での家庭教育の責任は、母親にあると見なされてきた。大正期の新中間層においては、父親は被雇用者として家庭の外で働き母親は家庭に留まるという性別役割分業と「良妻賢母」イデオロギーのもとで、子どもの教育は主として母親によって担われてきた。本章の冒頭で取り上げたミノルさんの事例に見られるように、戦後の高度成長期に拡大したサラリーマン層においても、「受験戦争」で「銃後の守り」に就いていたのは、「教育パパ」ではなく「教育ママ」であった。

それなのに、なぜ近年になって、父親に対する「チュータリング」への期待が高まってきたのだろうか。サラリーマンの父親たちは、なぜ「チューターとしての父親」言説に惹かれるのだろうか。ここでは、その理由を、階層構造の変化とジェンダー構造の変化というふたつの社会的条件との関連で考えてみたい。

子どもの階層下降防止

階層構造の変化という視点から見た場合、「チューターとしての父親」言説は、「チュータリング」への参加が子どもの階層下降防止の有効な手段であるとアピールすることによって、父親たちの関心を惹いていると考えられる。これには、いくつかの社会的条件の変化が関連している。

第一に、近年子どもの地位達成原理が変化してきていることが指摘されている。P・ブラウンは、イギリスの八〇年代後半の教育改革における「教育の市場化」や「親の選択肢の拡大」などの一連の変化のもとで、個人の地位達成を左右する要因が、「才能」と「努力」を合わせた「能力」(merit)から、親(parent)の持つ「財産」と「教育意識」へと移行しつつあることを指摘し、前者による人員配分メカニズムである「メリトクラシー」(meritocracy)に対比させて、後者による人員配分メカニズムを「ペアレントクラシー」(parentocracy)と呼んでいる(Brown 1990)。日本でも、本田由紀が、経済界の提言や教育界の答申などをふまえて、近年の日本社会における地位達成プロセスの変化を指摘している。すなわち、主に個人の努力を通じて獲得される学業達成(「近代型能力」)に比較して、個人の努力を通じては取得しにくいようなソフトで目に見えにくい諸能力（「ポスト近代型能力」）の重要性が高まっており、後者のタイプの能力の形成には家庭環境が重要であるとの認識が広く社会的に浸透しているというのである（本田 2005b）。

これらの点について、商業雑誌の記事は、「『親力』がわが子の能力を決める」（『中央公論』二〇〇六年九月号）、「中学受験は『親の力が八割、子どもが二割』といわれる」（『週刊ダイヤモンド』二〇〇六年四月一五日号三三頁）、「『下流』の子は下流？——格差世襲」（『週間ダイヤモンド』二〇〇八年八月三〇日号）などの表現で、子どもの「卓越化」における親の影響力の大きさを強調している。

こうした商業雑誌の言説を通じて、親の経済力や教育意識が子どもの将来の地位達成の度合いを大きく左右するという認識は、サラリーマンの父親たちに広く受け入れられていったと考えられる。例えば、国家公務員「キャリア組」で五歳と四歳の息子を持つアキオさん（三〇代前半、事例10）は、次のように語っている。

子どもは子どもなりに自分で進むべき道を見つけるでしょう。ただし、子どもが能力を開花させるためのチャンスを与えてやるのは親の仕事だと考えています。お金が無尽蔵にあるわけじゃないので、どういうふうな子どもに育てるのか、どのような習い事をさせるのかなどの方向性を、妻と真剣に話し合う時期に来ているなと感じます。妻よりも私の方が学歴が高いので、子どもの教育は自分がリードしていかなければならないと考えています。

第二に、こうした認識に加えて、父親たちの間では、子どもが階層的に下降する可能性がよりリアルなものとして感じられるようになってきていると考えられる。戦後から高度成長期までの日本社会においては、社会全体が豊かになっていくなかで、「世間並み」に頑張っておけば、親よりも高い学歴や豊かな生活を手に入れることができ、昨日よりも今日、今日よりも明日の生活の方が豊かになるという希望が持てた。そうしたなかでは、社会階層間での格差があっても、ほとんどの人々が社会的上昇の感覚を味わうことができていたし、親世代より階層的地位が下降しても、社会全体の底上げによって、それほど下降の感覚を味あわなくて済んだ。しかし、日本社会が成熟期を迎え、社会全体の豊かさの上昇が見込めなくなってくると、親世代よりも階層下降することは、絶対的な生活水準の下降をともないつつ、紛れもない下降として経験されることになる。こうした社会環境の変化は、父親たちに、子どもの階層下降の可能性をよりリアルに感じさせる。

第三に、そうしたなかで、近年、公教育、とりわけ公立学校の教育に対する親たちの信頼が揺らいでいる（片岡 2009）。先にふれた「学習内容大幅削減、公立校は大丈夫か」（『週刊東洋経済』二〇〇〇年一一月一八日号）といった記事に象徴されるように、「ゆとり教育」の弊害が叫ばれ、公立学校の教育だけに任せておいては子どもの階層下降リスクを増大させることになると考えている親も少なくない。例えば、前章で取り上げたアツシさん（三〇代後半、事例23）は、大学に入学したときから東京で暮らしているが、高校卒業までは四国の地方小都市に住んでいた。彼は、一〇歳の娘の教育について次のように語っている。

東京では、小学三年生の冬頃から、私立中学を受験する子が塾に行き始めます。心配なのは、「私立組」が全部抜けてしまった後の公立中学です。特に東京の場合だと、公立学校に対する信頼が「地に落ちている」ようなところがあります。本当に娘に中学受験をさせるのかどうかはまだわかりませんけど、公立しか選択できないのはかわいそうなので、塾には行かせています。

アツシさんの場合、娘を階層的に上昇させるというよりも、むしろ階層下降を防止するために中学受験の可能性を残しておきたいという、どちらかといえば消極的な姿勢で「チューターリング」に関与している。同様の論調は、「デキる父はお受験も制す」（『AERA』二〇〇六年三月二〇日号）という記事にも見られる。そこでは、中学受験のノウハウを記したベストセラー作家の「昔は『攻め』のための中学受験だったが、現在は『守り』のためになっている」という言葉とともに、息子の中学受験の勉強をつきっきりで見たという父親の次のようなコメントを紹介している。

息子をエリートに育てようなんて、ちっとも思っていません。いまは普通に小学校に通っているだけでは、下流になっちゃう。階層維持のための中学受験ですよ。

このように、「チューターとしての父親」言説が、多くの中流階層の父親たちを惹きつけるのは、一方で、その言説が、父親が「チューターリング」に参加しなければ子どもは父親自身の階層よりも下降する、という一種の強迫によって父親たちの不安を煽っているからであり、他方で、少なくとも都市部においては、そうした強迫がよりリアルに感じられるように社会情勢が変化してきたからであるといえるだろう。そうしたなかで、公立学校教育の不足を補って子どもによりよい教育機会を与え、子どもの階層下降リスクを縮小させることは親の役目であるという価値を強く内面化している中流階層の父親たちは、「チュータリング」参加のノウハウを求めてさらにそうした言説に惹かれていくことになる。つまり、「チューターとしての父親」言説は、一方でそうした父親たちが持つ潜在的な不安を煽りつつ、他方で不安の解消へ向かうための具体的なノウハウを父親たちに提供することによって、自らが消費される度合いをさらに高めているといえるだろう。

男女平等化への適応

しかし、商業雑誌の記事や父親たちの事例からは、「チューターとしての父親」言説が父親たちを惹きつける理由は、子どもの階層下降不安以外にもあるように思える。それは、チュータリングへの参加が、男女平等へと向かうジェンダー構造の変化への対処戦術になりうるという点である。

世論調査の結果が示しているように、政府の男女共同参画施策などにも後押しされ、国民の間には、徐々にではあるが着実に男女平等主義が浸透してきている。特に、政府による、「育児をしない男を、父とは呼ばない。」というキャッチ・フレーズや『家庭教育手帳』などを通した乳幼児期からの父親の子育て参加啓発もあり、学齢期の子どもを持つサラリーマン家庭では、共働きであるか片働きであるかにかかわらず、子育ては両親が協力して行うべきであるという考え方が広まってきている（矢澤他 2003）。こうして、前章で見たように、より多くの父親たちが乳幼児の世話にかかわるようになったり、たとえ実際にはかかわらなくても、かかわれないことに引け目を感じるようになったりしている。

こうした傾向が拡大するなかで、乳幼児期の世話を夫婦で分かち合ってきた父親たちの間では、そうした流れの延長線上で、ごく自然に児童期以降の「チュータリング」も夫婦でともに分け合っているという事例も見られる。

例えば、先に紹介した政府系シンクタンク研究員のアッシさん（事例23）の場合、国際線の客室乗務員である妻は、仕事で一度に一週間から一〇日間ほど続けて家を留守にする。そのため、娘が小さい頃、妻の留守中は、ベビーシッターを雇ったりしながらも、保育園の送り迎えや身の回りの世話など、娘の育児のほとんどを彼ひとりで担当してきた。そして、娘が小学三年生になって学習塾に行くようになってからも、当然のように、妻の留守中には、彼が仕事を早く切り上げて娘の塾の送り迎えをしている。

アッシさんが生まれ育った当時の四国の地方小都市のように、誰もが地元の公立学校に通うような環境であれば、小学生の段階から子どもを塾に通わせる必要はなく、塾の送り迎えを親がする必要もない。共働きであっても、学童保育などの社会的サービスを利用すれば、子育てのために通常の労働時間を削る必要はない。しかし、子どもの階層下降を防止するために、子どもの塾の送り迎えという新たな子育て負担が生じ、それを夫婦間でより平等に分担するために、父親である彼も仕事を早く切り上げてそうした負担を担っているのである。

このように、男女平等主義がより浸透し、家庭責任のあらゆる局面で夫婦のより平等な分担が求められるようになってきている文脈においては、「チューターリング」への参加は、男女平等化への順応を体現する行為としても位置づけられうる。

父親の権威の復活

しかし、「チューターとしての父親」言説を注意深く検討してみると、増大しつつある家庭教育責任を夫婦でより平等に分担するべきであるという男女平等主義の意図とはきわめて対照的な動機づけによって父親を「チューターリング」に参加させようとする主張も見受けられる。すなわちそれは、「チューターリング」において、父親は母親とは異なる役割を果たすべきであるし、母親とは異なる役割を果たせるからこそ、父親は「チューターリング」に参加すべきであるという主張である。

例えば、『週刊ダイヤモンド』二〇〇六年四月一五日号の特集記事の導入文（三三頁）においては次のように述べられている。

もっぱら受験勉強のサポートは母親の仕事だったが、このところ父親の参加率が上がっているという。だが、その場合は役割分担が必要だ。父親には、その社会性から生まれる独自の視点と、父親にしかできないサポートの仕方がある。

この特集では、中学受験のノウハウ本の著者として著名な大学教授へのインタビューをベースにして、具体的には次のように「チュータリング」における父母の役割の違いが述べられている。まず、「中学受験する層では母親が専業主婦の割合が高い」として、「父は仕事、母は家庭」という性別役割分業が基本的前提とされ、「子に密着できないからこそ父親が果たすべき役割がある」との立場がとられている。つまり、母親は「塾の送迎やお弁当作りといった身近なサポートを担う一方で、父親は社会的側面からどうかかわるかが鍵になる」というのである。そして、その鍵となる「父親の社会的側面」とは、次のようなことを指すという。例えば、母親、とりわけ専業主婦の母親は「社会で今起こっていることに疎い」ため、「東大に行けばなんとかなる」といった「学歴神話」信仰が強く、学校選びも大学進学実績などに左右されがちとなる。それに対して、「リストラや倒産で偏差値の高い大学を出て大企業に入っても安泰ではないことを身にしみて理解している」父親は、「この学校を出るとどういう社会人になるか」「どんな人材をつくろうとしているか」という視点で学校選びを行うという。また、時事問題にかかわる入試の出題に対しては、「実社会に参加する父親ならではの情報や知識が加われば、大きく差がつけられる」というのである（三四-三七、五〇-五一頁）。

『AERA』（二〇〇六年三月二〇日）の記事でも、同様の主張が見られる。「仕事で培ったノウハウを駆使」して子どもの中学受験の支援をしてきた父親の事例を取り上げ、「お受験と仕事の進め方は同じだ」「部下の管理と同じ」「父親はくぐっている修羅場の数が違いますから」といった父親の発言を紹介することで、「チュータリング」における父親の有能さの根拠を職業社会とのつながりに求めている。また、「仕事が忙しくて時間のない父親は『総監督』になると良い。組織をうまく動かすのは、男の得意技だ。」というように、「父は外、母は内」という性別役割分業を前提とし、なおかつ父親を家族の頂点に位置づけようとしている。さらに、「父親の利点は塾の言いなりにならないところ。『あいつらも商売だからな』とシビアに見つめて、自分の家庭に合った戦略を立てられる」として、暗に母親を、塾の言いなりになって子どもにとって不適切な選択をしないとも限らない無能な消費者であるかのように位置づけている。

これらの言説に見られる「性別役割分業の前提」「父親と母親の資質の違い」「職業社会とのつながりを根拠とする父親の権威」「母親に対する父親の優位性」といった諸特徴は、われわれにある種の既視感を覚えさせる。すなわち、ここで、「チュータリング」への父親の関与を勧めるために動員されている論理構造は、一九六〇年代から脈々と続く「権威としての父親」言説のそれそのものである。

父母ともに「チュータリング」に参加する傾向が高まっているとはいえ、現段階では、母親と父親で「チュータリング」への参加が本人のライフコースに及ぼす影響は大きく異なっている。父親の場合、「チュータリング」への参加によって、仕事と家庭を両立する負担が増大することはあっても、自らのキャリアを犠牲にすることはほとんどないだろう。それに対して、母親の場合は、子どもの「チュータリング」のために仕事を辞める場合も多い（本田 2008a：50-51）。父親にとって、自らのキャリアと子どもの「チューターリング」は両立可能であるが、多くの母親にとって、それらはいまだトレードオフの関係なのである。

このように、ジェンダーの視点から見るならば、「チューターとしての父親」言説の内部では、ふたつの異なる対照的なイデオロギーがその正当性を競い合っているといえるだろう。すなわち、一方では、夫婦は家庭内の責任をより平等に担うべきだとする男女平等主義が、「世話」にとどまらず、家庭教育のより肥大化した部分である「チューターリング」までも父親に担わせようとしている。他方では、より望ましい成長・達成という名目のもとで「伝統的な」父母の役割の違いと母親に対する父親の権威の優位性を強調する保守主義的イデオロギーが、その主張の場を「しつけ」にとどまらず「チューターリング」にまで広げようとしているのである。

これまで見てきたように、「チューターとしての父親」言説は、子どもの階層下降を防止し、男女平等主義に順応しつつも、学歴主義社会の勝者として保有している自らの資源を用いて父親の権威を保つというかたちで、中流階層の父親たちの関心を一度に満たしてくれるものである。つまりそこには、近年の階層構造とジェンダー構造の変化に適応しつつ、家庭内とより広い社会の両方において自らのヘゲモニーを維持しようとする、中流階層の男性たちの戦略が反映されているといえる。このことが、サラリーマン男性たちが「チューターとしての父親」言説に惹かれる大きな理由のひとつであると考えられる。「家庭教育」へと追い立てられるサラリーマンの父親たちの悩みや疲弊感は、こうしたヘゲモニー闘争を勝ち抜くために支払うコストなのである。

5　ペアレントクラシー時代のサラリーマンの子育て

「子どものため」の夫婦間分業

個人の地位達成は親の「財産」と「教育意識」によって決まるとするペアレントクラシーのイデオロギーのもとでは、子どもの「よりよい」将来を願うならば、親は、子どもの教育のために、より多くのお金を掛けるとともに、より多くのことを自分でしてやらなければならない。多くの資産を持っていたり、短時間の労働で多くの収入を得られたりして、経済的にも時間的にも余裕のある層の人々にとっては、これはそれほど苦にはならないことなのかもしれない。しかし、長時間の労働と引き替えに日々の生活費を稼いでいるサラリーマンにとって、これはきわめて困難な課題である。子どもの教育に多くのお金を掛けるために仕事に多くの時間と労力を注ぐならば、親が子どもを直接教育する機会が減少してしまう。逆に、親が子どもを直接教育するための機会を確保しようとすると、より多くの教育費を確保するための就労に充てられる時間と労力が減少してしまう。

夫婦間の分業に関しても同様である。共働き、とりわけ夫婦共に正規雇用である場合、子どもの教育に掛けるお金を多く稼ぐという点では有利であるが、親が子どもを直接教育する時間を多く確保するという点では不利である。他方で、夫婦の片方のみが稼ぎ手である場合、もう片方が子どもを直接教育する時間を多く確保できる点では有利であるが、子どもの教育に掛けるお金を多く稼ぐという点では不利である。

多くの「教育するサラリーマン家族」では、こうしたジレンマのもと、子どもに最大限の経済資源と最大限の教育資源を投入することが目指される。個々の家族を取り巻く社会的条件はそれぞれ異なっているので、そうした目的にかなう最も合理的な分業のあり方をめぐって、さまざまな家族戦略がとられることになる。

こうした状況下では、家庭で唯一の稼ぎ手としてお金を稼いでいるということは、父親が子育てにかかわらないことの言い訳にはならない。なぜなら、父親がどれだけ稼いでいようが、子育てにかかわることができる時間があるのにかかわらないことは、その家庭が持つ教育資源を最大限子どもに投入するという原則に反しているからである。こうして、母親が就労しているか家事専業かにかかわらず、父親たちは「子どものため」という殺し文句の前に、家庭教育にかかわらざるを得なくなる。

一方、父親のみならず母親も働いて世帯収入を増やすという選択は、より多くの経済的資源を子どもに投入するという目的にはかなっている。しかし、現在の日本の労働市場は、女性労働者の半数以上が非正規雇用であり、正規雇用労働者においても女性の単位時間あたりの平均賃金が男性の約三分の二というように、圧倒的に男性優位である（内閣府 2010：65）。こうした状況下では、母親が新たに就労したことで世帯収入が増加するメリットよりもそのことによって親の子どもに対する直接のかかわりの総量が減少するデメリットの方が大きい世帯もあるだろうし、母親が就労するよりも父親がより長時間働いたりキャリアアップした方が世帯収入が増える場合も少なくないだろう。例えば、前章でも取り上げたシュウタロウさん（事例16）の家族戦略は、その一例である。彼は、娘たちが小さいときには一時的に労働時間を減らして妻の育児を支えていたが、娘たちが成長するにつれて育児責任を妻に委ねて、労働時間を延ばしていった。現在彼は、休日こそ子育てにかかわってはいるが、平日は、たくさん稼いで娘たちに習い事をたくさんさせてやることを励みに、さらなるキャリアアップを目指して長時間労働に打ち込んでいる。

近年の都市中流階層の若い夫婦においては「父親は育児と仕事を両立、母親は仕事より育児優先」という考え方を支持する人が多い（矢澤他 2003）ことが指摘されている。この背景には、右に述べたように、現在の日本の労働市場のもとでは、より多くの経済資源とより多くの教育資源を子どもに投入しようと思えば、多くの家庭でこうした分業のあり方が最も合理的になってしまうという事情があるものと思われる。

「孟父三遷」

ところで、親が子どもの教育のためにしてやれることは、塾や習い事にお金をかけることや、直接勉強や文化的な活動を教えたりすることにとどまるものではない。調査事例からは、子どもの居住環境を整備してやることも、子どもの教育のために親がしてやれることのひとつであることがうかがえる。例えば、国家公務員のアキオさん（事例10）は、子どもの居住環境についてかなりのこだわりを持っている。「キャリア組」である彼は、全国転勤を条件として採用されており、昇進をストップさせない限り転勤は避けられないため、数年おきに見知らぬ土地の古くて狭い官舎に家族で移り住むという生活を送っている。面接時にも、関東地方の、築三〇年以上、間取り3Kの官舎で暮らしていた。

彼は、子どもの「情操教育」を考えると、できれば広い一戸建てに定住してのびのびと子育てがしたいが、子どもが小学校に入るまでは父親がそばにいることの方が重要だと考えているので、現在は家族で一緒に住むことを優先している。しかし、子どもが小学生になったら友だちを変えない方がいいと思うので、一戸建てを建てて家族を定住させ、自分は単身赴任をしようかとも考えているという。

さらに、子どもの定住地にも次のようなこだわりを見せる。

同じ住むにしても、例えば田舎に住んでしまうと、そういう（社会的成功の）チャンスもなくってしまうので、そういうのはちゃんと考えてやらないといけないと思います。チャンスがないところに連れていくのはもったいないですよね。

子どもの教育に最も適した環境を求め、子どもの発達段階に合わせて住居を遷しかえようとする彼の教育戦略は、「孟母三遷」ならぬ「孟父三遷」とでも呼ぶべきものである。ただし、アキオさんの場合、「よりよい」子育てのために居住環境を整備しようとすれば、現職における昇進とそれにともなう収入増加か、一家揃っての生活のどちらかを犠牲にしなければならないため、葛藤にさいなまれている。

子どもの教育のために住居を移すというのは、国内に限られたことではない。シュウタロウさん（事例16）は、面接の三ヶ月後にアメリカの海外拠点に駐在することが決まっていたが、海外赴任を希望した背景には、自分の仕事上の関心に加えて、幼少期から英語を習っている娘たちに海外生活を体験させてやりたいとの思いもあったという。妻も留学経験があり、海外生活を楽しみにしているとのことであった。

子どもの教育のためにお金を稼ぐことを励みにして仕事中心の生活を送り、日々の子育ての主たる責任は妻に担ってもらいながらも、空いた時間には自らも子育てに参加する。子どもの「よりよい」教育環境の整備と自らのキャリアアップを同時に満たそうとする。こうしたシュウタロウさんの現在の生き方は、確かに、父親による仕事と子育ての「いいとこどり」であるかもしれないが、同時に、ペアレントクラシーの下での、父親の教育意識と家族戦略を端的に表しているともいえるだろう。

注

（1）「言説」（discourse）という語の用法にはさまざまなものがあり、一概に定義することは難しいが、ここでは、東野充成（2009）の議論を参考にして、「特定の時代に特定の人々が特定の話題に関して表現した内容」という鈴木譲（2006）の定義に倣い、「父親言説」を「特定の時代に特定の人々が父親に関して表現した内容」という意味でとらえておきたい。「言説分析においては、社会的存在についての考察はすべて言説を通して行うべきであるという、……言説一元論」（鈴木 2006）あるいは、「言説至上主義」（赤川 1999）の立場からすれば、本章における父親言説の分析は、厳密な意味での「言説分析」ではない。むしろ、父親に関する諸言説の「動態や布置連関を史的に明らかにするとともに、その背景となる政治情勢や経済情勢、社会変動の分析がセットになって行われている」（東野 2009）という点で、鈴木のいう「言説の質的分析」に近いと考えている。

（2）『家庭教育手帳』は、一九九八年の中教審答申を受けて一九九九年から文部科学省によって作成されているものである。一九九九年当初は、妊娠期から乳幼児の親向けの『家庭教育手帳』と、小学生～中学生の親向けの『家庭教育ノート』に分かれていたが、二〇〇四年からは「乳幼児編」「小学生（低学年～中学年）編」「小学生（高学年）～中学生編」の三分冊になっている。

（3）商業雑誌の記事分析に際しては、NDL-OPAC 国立国会図書館蔵書検索／申込システムの「雑誌記事索引検索」において「父親」および「教育」のキーワードでヒットした記事のうち、商業雑誌に掲載されており、本章で述べた三タイプの意味での「父親の家庭教育」に合致すると思われるもののみを分析の対象とした。

第5章　ポスト会社人間のメンタリティ
——仕事の私事化と私生活の充実

佐々木正徳

《要　約》

戦後を通して、サラリーマンのライフスタイルやメンタリティは変化してきた。本章では、会社との距離感と、会社外の世界への関与の仕方というふたつの側面から、企業戦士や会社人間の世代からポスト会社人間世代に至るサラリーマンの変化について考察を行う。ポスト会社人間世代の特徴は、次の二点に見出される。ひとつは、会社との間に一定の心理的な距離を保とうとしている点である。労働時間の長さや家族を養う責任感に支えられて働くという意識においては、以前の世代と共通しているが、働くことの意義を、会社の発展よりも自らの能力の発揮や楽しむことに見出そうとする傾向にある。もうひとつは、会社以外の世界に居場所を確保しようと努めている点である。家庭責任がほとんど果たせなくても、妻を気遣うことで家庭に居場所を確保しようと努めたり、職場以外の人々との交流を積極的に図ることを通して自己成長しようと努めたりしている様子がうかがえる。

1　戦後のサラリーマン像

序章で述べたように、サラリーマンは、戦後日本社会の「標準的男らしさ」であり、男性中心社会を正当化する「ヘゲモニックな男性性」を体現する存在であった。しかし、「サラリーマン」と呼ばれる人々の様相は、常に一様であったわけではない。例えば、ある時期には「企業戦士」、ある時期には「会社人間」というふうに、サラリーマンを特徴づける表現も時代によって変化してきた。また、新聞報道におけるサラリーマンの支配的なイメージも、高度成長期の「労働者」「納税者」として企業や国家に組み込まれた存在から、一九九〇年代の企業や家族から切り離されて人生のリスクをより引き受けざるを得ない「個人」へと変化してきたことが指摘されている（岡本・笹野 2001）。

そうしたサラリーマンのレッテルやイメージが変化する一方で、実際のサラリーマンのライフスタイルやメンタリティも、その時々の社会状況などの影響を受けながら、時代とともに変化してきていると思われる。では、その変化とはいかなるものだろうか。現代のサラリーマンのライフスタイルやメンタリティは、企業戦士や会社人間と呼ばれていた時代のサラリーマンのものと、どの面で共通し、どの面で相違しているのであろうか。

サラリーマンのライフスタイルやメンタリティについては、序章で言及したものをはじめとしてさまざまに論じられてきたが、特に、特定世代のサラリーマンの労働エートスや生活意識を明らかにした優れた研究として、終戦から高度経済成長期までの世代を主な対象とした間宏の研究（間 1996）や、「団塊の世代」を中心としてオイルショック期からバブル崩壊期までを射程に収めた天野正子らの研究（天野編 2001）を挙げることができる。ただし、いずれの研究においても、時代的な制約や本章との関心の違いから、日本社会が大きく変化した後の一九九〇年代以降のサラリーマンが置かれている状況やメンタリティについては、それほど詳細に論じられているわけではない。

一方、一九九〇年代以降の状況も含めた会社員のメンタリティを明らかにしているものとしては、社会経済生産性本部や産業能率大学が毎年行っている新入社員対象の意識調査を挙げることができる（岩間 2009：学校法人産業能率大学 2010a：2010b）。ただし、これらの研究は、質問紙調査の数量的な分析であるため、現代を生きるサラリーマンたちのライフスタイルやメンタリティのより具体的な様相を明らかにしようと思えば、彼らの生活事例の質的な分析にもとづいた考察も必要になってくる。

そこで本章では、右に挙げた研究を中心とする先行研究の知見と、今回収集したサラリーマンの具体的な生活事例から得られた知見を比較しながら、一九九〇年代以降の日本社会の一大変化を経験した現代のサラリーマンたちのライフスタイルやメンタリティの様相を確認してみたい。第2節では、企業戦士からポスト会社人間に至る戦後サラリーマン像の変遷の概略を述べる。続いて、ポスト会社人間世代とそれ以前の世代を比較しながら、第3節ではサラリーマンと会社との関係の変化について、第4節ではサラリーマンと家族の関係や彼らの私生活のあり方の変化について考察を行い、最後にまとめを行う。

2　企業戦士からポスト会社人間へ

企業戦士

間は、企業戦士を、「戦時中に盛んに用いられた産業戦士と、七〇年代以降多用されるようになった会社人間との、過渡的な人間類型」ととらえ、その典型を、「高度成長期に、中間管理職または企業の中核として働いた、男性ホワイトカラー」に求めている（間 1996：iv-v）。この企業戦士の世代は、第二次世界大戦における敗戦体験を共有しており、そうした体験が、彼らの「労働エートス」（「職業労働に従事するにあたって、倫理的価値の実践に向けて、人を、内面から突き動かす、行為の原動力」間 1996：3）の中核をなしていた。すなわち、敗戦体験を共有しながら、「市場競争を生き抜くための企業戦争や祖国再建のための経済戦争」を戦うべく長時間労働に邁進してきたことが、この世代の特徴であるといえる（天野 2006：12）。

企業戦士たちは、決して家族よりも会社の方が大切だと考えて長時間労働を受け入れたわけではなかった。むしろ彼らは、家族に「人並み」かそれ以上の暮らしをさせたいという「豊か」な家族生活の実現を切実に願っていた。しかし、そうした物質的な豊かさを手に入れるためには、会社のために「滅私奉公」的に働くことが不可欠であった。高度成長期には、従業員個々人の利益を大きくするためには帰属する企業の利益や国家の利益を大きくしなければならないという企業主義の考え方が定着しつつあった。また、制度面では、終身雇用制や、家族賃金の要素を含む年功賃金制、社宅のような従業員の家族の面倒まで見る福利厚生制度なども定着しつつあった。さらに、物質的な豊かさを求める専業主婦の妻たちも、夫の長時間労働に疑問を投げかけるよりも、むしろそれを内側から支える役割を果たした（天野 2006：13-15）。

このように、高度成長期においては、制度面でも、メンタリティの面でも、企業戦士と企業と家族の結びつきは非常に強固であった。企業戦士たちは、会社の発展のために滅私奉公的に働いていれば、同時に家族における責任を果たすことができていた。そうした彼らの生き方を、会社も家族も認めてくれたし、企業戦士自身もそれによって自らの男としての肯定的で安定したアイデンティティを獲得することができていた。企業戦士の長時間労働は、こうした企業と家族と彼ら自身の、「幸せな結託」（天野 2006：13）によって支えられていたのである。

会社人間

一九七〇年代になると、「企業戦士」に代わって「会社人間」という用語が多用されるようになってきた。間は、会社人間を「経済大国を築き上げた企業戦士のあとを受け継いで、安定成長の達成を通して、日本を世界一の債権国に作り上げるのに、ペースメーカーとして働いた勤労者」（間 1996：182）ととらえている。これはちょうど、一九四〇年代後半生まれの「団塊の世代」（堺屋 2005）や一九五〇年代生まれのポスト団塊世代に相当する。戦後に生まれて高度成長期に学生時代を過ごしたこの世代は、敗戦を体験した「企業戦士」の世代とは大きく異なる世代経験を有している。

企業戦士も会社人間も、会社の利益を上げるべく長時間労働に邁進したという点で変わりはなかった。また、会社人間の時代にも、サラリーマンと家族の生活を支える制度面、すなわち終身雇用、年功賃金、企業内組合は、企業戦士の時代と変わらず維持された。しかし、「企業戦士」が、必ずしも否定的なニュアンスを含まないばかりでなくむしろ肯定的な意味を込めて用いられることもあったのに対して、「会社人間」は、どちらかといえば否定的な意味を込めて用いられることが多かった（田尾 1998：12）。

天野は、企業戦士と会社人間との最も大きな違いのひとつとして、家庭との折り合いのつけ方を挙げている。高度成長の終焉は、日本社会に一定程度の物質的な豊かさの達成をもたらすと同時に、人々の間に「物の豊かさ」以上に「心の豊かさ」に対する関心を喚起させた。こうしたなかで、企業戦士の時代に見られた、サラリーマンと企業と家族の「幸せな結託」に変化が見られるようになってきた。「物の豊かさ」を第一に追い求めていた企業戦士の時代においては、会社を豊かにするために仕事に邁進することが、経済的・物質的な意味で家族を豊かにすることにもつながっていた。しかし、高度成長を経て「心の豊かさ」への関心が高まるなかで、会社人間世代のサラリーマンには、単なる稼ぎ手としてだけではなく、家族の一員として家庭の役割も果たすという「関係の豊かさ」も求められるようになってきた。また、彼ら自身も、仕事よりも家族からより高い充足感を得るようになっていた（天野編 2001）。ところが、実際には彼らのメンタリティは、「家庭生活を重視するがゆえに、職業生活では長期の雇用保障を背景に昇進・昇級をめざして同僚に遅れをとらぬように仕事に邁進する」（千葉 2004 : 91）というかたちとなってあらわれた。結果、会社人間世代のサラリーマンは、家庭を重視するために仕事に没頭したにもかかわらず、家庭との距離がかえって広がってしまうことになってしまったのである。

彼らは、会社が求める豊かさと、家庭が求める豊かさという、ふたつの方向性を示す豊かさの狭間にあって、家族の幸福のために長時間労働を行うという行動を選択することでその両立を果たそうとした。しかし、仕事に多くの時間を割くことになったため、家庭内で過ごす時間を十分にとることができず、本来会社より重視していたはずの家族との関係が疎遠になってしまうという皮肉な結果を招くことになったのである。

ポスト会社人間のメンタリティ

一九九〇年代のバブル経済崩壊後には、企業戦士や会社人間とその家族の生活を支えてきた諸制度が綻びを見せ始め、サラリーマンの置かれた環境は大きく変化することになった。そうしたなかで、企業戦士世代とも会社人間世代とも異なるタイプのメンタリティを特徴とする世代が、サラリーマン層の多数派を占めるようになってきた。

とはいえ、一見すると、ポスト会社人間世代においても、サラリーマンのライフスタイルやメンタリティは、それ以前の世代とあまり変化していないようにも見える。例えば、会社人間を批判する場合には働き過ぎへの批判が含まれていたが、本書の各所で示されているように、ポスト会社人間世代のサラリーマンたちの多くは、会社人間世代に劣らず長時間働いている。また、共働きが増えたとはいえ、多くのサラリーマンは、家庭における唯一のあるいは主たる稼ぎ手であり、自分と家族の生活のためには会社からの要請に応えざるを得ない。「企業の一員になれば、程度の差こそあれ、組織の目標や規範に身をゆだね、会社の人になろうと努力するのは当たり前」（天野編 2001：148）であるともいえる。

では、会社人間の後に来る世代、すなわちポスト会社人間世代のサラリーマンのメンタリティは、どのように変化しているのだろうか。会社人間世代と比較した場合のポスト会社人間世代の特徴をどこに求めればよいのだろうか。

天野は、「会社人間」の特徴をとらえるうえで、田尾雅夫による「組織に対して過剰に同調し、しかも組織に取り入れられていることに気づかず、ましてや異議をはさまない人たち」（田尾 1998：9）という会社人間の定義の中で、特に「過剰に同調」という部分に着目する。そして、この会社への「過剰な同調」は、「生活の全領域が、企業で働くことによって無限定に規定されてしまうような、企業への同調行動と組織へのコミットメント（関与）、その逆の企業のソトの世界へのデ・コミットメント（非関与）」というふたつの側面からとらえるべきで、「会社人間の度合いは、一つは会社『内』、もう一つは会社『外』の生活という、二つの座標軸のなかで把握されるべき」と述べている（天野編 2001：148）。

そこで、この天野の枠組みに依拠し、会社への関与の仕方と、会社の外の世界への関与の仕方というふたつの側面から、ポスト会社人間世代をステレオタイプ的な会社人間像から分かつものを、探っていこう。

3　会社との適度な距離

働くことの私事化――新入社員の意識調査から

岩間夏樹は、財団法人社会経済生産性本部が一九六九年以降に入社した新入社員に対して実施している「働くことの意識調査[1]」をもとにして、時代の変化に応じた新入社員の意識変化について分析している（岩間 2009）。ではまず、この岩間の研究を手がかりにして、働くことへの意味づけの変遷を通して、会社人間世代以降のサラリーマンの会社への関与の仕方の変化の概略を把握しておくことにする。

岩間は、「働くことの意識調査」を参考に、オイルショックから二〇〇〇年代に至るまでの新入社員の働くことに関する意識の変化は「働くことの私事化」（岩間 2009：177）であると述べている。そのうえで、「私事化」のプロセスには二度にわたる転機が見られるとしている。

一度目の転機は、高度経済成長期が終わりを告げた一九七三年のオイルショック後の不況期である。この調査では、一四の選択肢のなかから「会社を選ぶにあたってどのような要因を最も重視したか」をひとつ選ばせている。オイルショック以前には、「会社の将来性」が、新入社員が会社を選ぶ際に重視した要因の第一位であった。ところが、オイルショック後の不況期には、「自分の能力や個性が活かせる」という選択肢の回答割合が、「会社の将来性」の回答割合と肩を並べるようになる。そして、新人類世代（一九六一～一九七〇年生まれ）が就職し始めた一九八〇年代になると、「自分の能力や個性が活かせる」は「会社の将来性」を大きく突き放し、現在まで一位の座を占め続けている。また、一九七〇年代から八〇年代半ばにかけては、「会社を選んだ理由」において「自分の能力や個性を活かせる」の回答割合が増加するのと歩調を合わせるかのように、「何のために働くか」という質問に対しては「経済的に豊かな生活」という回答の割合が増加している。このように、オイルショック期には、それまでの滅私奉公的な働き方が廃れて、「自分自身のために」働くという感覚が大きなウエイトを占めるようになってきたという点で、「働くことの私事化」の最初の徴候を見出すことができる。

二度目の転機は、バブル経済崩壊後の一九九〇年代後半、すなわち、団塊ジュニア世代（一九七一～一九七四年生まれ）やポスト団塊ジュニア世代（一九七五～一九八二年生まれ）が就職し始めたいわゆる就職氷河期である。この時期になると、会社を選んだ要因に関する回答の割合において、オイルショック期以来第二位の位置をキープしていた「会社の将来性」が、「仕事が面白い」という選択肢に追いつかれる。そして、二〇〇〇年以降、「仕事が面白い」が第二位にとって代わり、現在に至っている。また、「何のために働くか」という質問に対する「経済的に豊かな生活」という回答の割合は、一九八〇年代半ば～九〇年代にかけてはほぼ横ばいの状況であったが、二〇〇〇年頃を境に急激に低下して現在に至っている。団塊ジュニア世代やポスト団塊ジュニア世代は、団塊世代がやっとの思いで手に入れた物質的に豊かな生活をすでに子どもの時代から享受している世代であるため、物質的な豊かさを働くモチベーションとはしにくい。その一方で、日本社会が成熟を迎え、右肩上がりの経済成長が期待できないなかで、「頑張りが目に見えるほどめざましい結果をもたらすには、特別な能力や売りになる資質が必要であることに気づきつつある」（岩間 2009：176）。したがって、この世代の新入社員の多くは、「新人類世代のようにモノによって自己像を補強しようなどとは考えず、他ならぬ自分自身がいかに納得のいく日常を送るかに関心をもつようになった」（岩間 2009：178）と考えられるのである。こうして、バブル経済の崩壊を契機として「働くことの私事化」がさらに加速したと見ることができる。

このように、新入社員を対象とした「働くことの意識調査」の時系列データからは、働くことに関して、新人類世代に主導された私事化と、団塊ジュニア世代に主導された私事化というふたつの私事化の波を見出すことができる。ただし、この調査の対象者は新入社員であり、ほとんどの場合未婚であるため、ポスト会社人間世代の結婚後の家族生活の実態やそれにかかわる意識については明らかにされえない。また、本章の関心が男性サラリーマンの労働意識にあるのに対して、「働くことの意識調査」の対象者には、三〇％前後とはいえ女性新入社員も含まれている。さらに、先にも述べたように、質問紙調査の数量的な分析は、対象となる層の人々の通時的な意識の変化の趨勢を明らかにするうえでは有益であるが、現代を生きる個々のサラリーマンたちのライフスタイルやメンタリティの具体的な様子までをうかがい知ることはできない。

そこで次に、新人類世代と団塊ジュニア世代、それぞれの世代にあたるサラリーマンの具体的な生活事例をもとに、彼らの働くことへの意味づけや会社へのコミットメントの様子について見てみよう。

能力・個性の発揮としての仕事

新人類世代にあたるリュウスケさん（一九六〇年代後半生まれ、事例15）は、大手機械メーカーグループの傘下にある研究開発会社の技術系社員である。九州の有名国立大学を卒業してこの会社に入って以来、勤務地の変更はあったものの、一貫して研究開発部門に所属している。彼の所属部門の業務は、関連会社が製造販売する機械の基礎研究や開発支援をすることである。面接の一年ほど前に、研究テーマ別のグループ・リーダーとして仕事ができる地位に昇進したばかりで、労働基準法上の管理職の一歩手前の職位にある。面接時には甲信越地方の工場に単身赴任をしており、週末に家事専業の妻と四歳の娘が住む首都圏郊外の社宅に戻るという生活をしていた。

彼の働き方は、企業戦士や会社人間の世代に勝るとも劣らないものである。就業規則上の労働時間は午前九時から午後五時半までであり、形式的には一日二時間ほどの残業命令が出されているが、実際には、平日は毎日午前八時半から午後一一時くらいまで働いている。東京の工場に勤務していたときは終電に間に合う時間に退社していたが、現在の工場には自動車で通勤しているので、退社が午前〇時を過ぎることも珍しくない。それほどまでに労働時間が長いのは、与えられているテーマをこなすのに「僕の能力ではいっぱいいっぱいやらないと、たぶん間に合わない」からだという。さらに、週末や深夜に自宅で仕事をすることもある。自分が統轄するグループの報告書をまとめたりすることが、日常の業務のなかでは行えないからである。

このように、働き方だけを見てみると、リュウスケさんのライフスタイルは、企業戦士や会社人間の世代とそれほど変わらないように見える。しかし、彼の仕事に対する意味づけは、「会社のため」「家族のため」「自分のため」が同一線上に並んでいたかつてのサラリーマンのものとは大きく異なっている。彼の語りに耳を傾けてみよう。

もちろんお金を稼いで家族を養わなければならないというのはあるんですけど、どちらかというと、それは、仕事を頑張る動機としては弱いかもしれない。普通の会社員だったら、普通に会社で働いていればお金はそれなりに入ってくるだろうから、これだけ仕事を頑張るのが家族を養うためということはあまりないですね。

僕はメカ機構の設計が得意分野なんですけど、同じグループのなかで僕が技術コアみたいなのになっていて、僕が一番なんですね。あとは、割と自由に仕事をさせてもらっていて、自分が考えていることがある程度採用されて、社内外で僕の技術がそれなりに評価されている部分があるというのも支えのひとつです。何か人の役に立っているとか、自分のオリジナリティをみんなが認めているとか、そういうのが実感できていないと、ただ自分が日々生活しているだけ、物を買って消費しているだけでは、多分耐えられないでしょうね。

このようにリュウスケさんは、家族の唯一の稼ぎ手として、長時間労働を通して家計を支えているが、働くうえでそのことを強く意識してはいない。むしろ、岩間の研究における新人類世代に特徴的だったように、働くことの第一義的な意味を「個性・能力の発揮」に求めている。

こうしたリュウスケさんの働くことへの意味づけは、総合商社勤務でポスト団塊世代のイチロウさん（一九五〇年代後半生まれ、事例50）の「仕事は生活の手段」という認識とはきわめて対照的である。

私は、仕事は第一義的に生活するための手段だと思ってます。生活するために一生懸命やるのが仕事だと。最近若い人と話していると、仕事は一番に自己表現の場っていう人が結構多いんですよ。そのこと自体は否定しないんだけど、そういう人に限って仕事が甘いんですよ。甘い自分を表現してどないするんじゃと。仕事というのは、自己表現の場である以前に、それを一生懸命やってお給料もらう場なんだから、そんな甘っちょろい自分だったら自己表現するな、もっと厳しい自分を表現せえと、よく若い人に説教してたんです（イチロウ）。

また、リュウスケさんは、そうして彼の技術を評価してくれている会社に対しても、心理的に一定の距離を保った見方をしている。最近の会社の風潮に関して、彼は次のように述べている。

技術的なものを残していこうという雰囲気がだんだん薄れているように感じます。なんかリーダーに思想がない。社会のために何とかしたいという理念を企業が掲げていたら、その下で働く人たちは、社長がそういうのなら残業代は出ないかもしれないけど頑張ろうかという話になるんですけど、いまはそういう理念が掲げられないで、来年は黒字何％とかという数字だけを言うわけですね。そうすると、数字だけの問題になって、仕事へのモチベーションが保てない。そうやって技術を温めることをせずに右から左に自転車操業的みたいなことを繰り返しているあたりは、将来的に一抹の不安を覚えますね。

いまのところは多分職を失うということはないかなと思っているんですけどね。ただ、会社自体が危ないかなというのが若干ありますね。一応自分の技術は構築しているつもりなので、同じレベルのお金をもらえるかどうかは別として、たぶん転職はできるだろうと思います。

このように、リュウスケさんは、より年長の世代に劣らないほど長時間労働を強いられる生活をしているが、そうした世代の滅私奉公的なメンタリティとは一線を画している。もちろん、こうした彼のメンタリティの形成には、自らの持っている技術が社内で評価されており、なおかつ他社でもそうした技術へのニーズがあるという、彼特有の条件が大きく影響していることは確かであろう。それでも、会社の発展と自らの働くことへの意味づけを切り離し、自らの個性や能力の発揮を第一の動機づけとして仕事に励んでいるという点で、岩間の研究における新人類世代のメンタリティの典型的な事例のひとつであるといえるだろう。

楽しみとしての仕事

先の岩間の研究では、新人類世代の新入社員が「会社の発展」よりも「個性・能力の発揮」として働くことを意味づける傾向にあったのに対して、団塊ジュニア世代やポスト団塊ジュニア世代では、「個性・能力の発揮」を最も重視しながら、さらに「仕事が面白い」ことを重視する傾向にあるとされている。こうした団塊ジュニア世代以降の労働エートスを典型的に表しているのが、アメリカ系資本の総合電機メーカーに勤務しているユウタさん（一九七〇年代後半生まれ、事例53）の事例である。

彼は、関東の有名国立大学でもともと物理学者を目指して勉強していたが、その道に見切りをつけて大学院を中退し、ITコンサルタントの仕事をしようと日系資本のIT系企業に入社した。その後、兄の友人から誘われたことがきっかけで、現在の会社に転職し、それを機に銀行員の妻と結婚、面接時には間もなく第一子が誕生する予定であった。

面接時にはリーダー養成のための二年間の社内研修プログラムに参加している最中であった。彼が参加しているプログラムは、半年単位で二年間、合計四つのプロジェクトのマネジメントを担当し、四つのプロジェクトの平均評価が一定レベル以上であれば、その後マネージャーとして採用されるというものである。面接時、彼はちょうど一期目のプロジェクトを終えたところであった。中国人二名とインド人一名、合計三名の部下を統括していたが、中国人部下のうち一名は中国で、インド人部下はシンガポールで業務にあたっており、英語を用いて、Eメール、電話、テレビ会議などで指示を出していた。第二期プロジェクトでの勤務地は未定であるが、第三期は上海に単身赴任することが決まっていた。

休日は、緊急時以外は一切仕事をしないことにしているものの、平日の勤務時間は通常午前九時半から午後一〇時とかなりの長時間労働である。また、「会社でやりなさいと言われたこと以外の活動をするのが好き」とのことで、仕事以外の時間はコネクション作りやスキルアップのために積極的に時間を使っている。面接の前年には、同期の二名と一緒に、研修プログラムに参加する現役社員、OB、OG参加のクリスマスパーティーを企画し、それが幹部にも知られるところとなり、パーティーに日本支社長まで出席したというエピソードも聞かれた。また、週末にはシステムエンジニアの技術に関する学校にも通っている。

正規の業務に加えてコネクション作りやスキルアップのための活動まで仕事に含めて考えるならば、ユウタさんは、かなりハードな毎日を送っているように見える。しかし彼は、そうした生活にそれほど負担を感じてはいない。現在参加している研修プログラムは単なる「プログラム」に過ぎず、「勝負はもっともっと上のところ」にあるという。仕事に対する満足度は非常に高く、一番のストレス解消の秘訣は、「人間関係も仕事も好きなようにやること」であると語る。

僕は、ほんとに一日も仕事に行くのが嫌だなとか思ったことはないですね。ほんとに遊びに会社に行ってる感じですよ。「昨日はこういうやり方が駄目だったから、あしたはこういうやり方だったら、もしかしたらうまくいくかもしれない」というように、いろいろ試しながら考えてやってる感じなんで。ほんとに遊びに会社に行って、お金をもらってるという感じです。

彼の語りからは、仕事への動機づけとして、「会社のため」「家族を養うため」「生活費を稼ぐため」などといった、かつての典型的なサラリーマン像において語られてきたような回答はまったく聞かれない。現在の彼にとって、仕事は第一に自己実現の手段であり、かつ「面白いもの」「楽しいもの」なのである。

もちろん、彼の職場が外資系企業である点や、現在までのところ仕事が非常に順調に進んでおり周りからの評価も高いということが、こうした彼のメンタリティに少なからぬ影響を与えているだろう。「失われた一〇年」と呼ばれた平成不況期に就職期を迎えたポスト団塊ジュニア世代のなかでは、ユウタさんは、かなり恵まれた状況に置かれていることは間違いない。それでも、物質的な豊かさを働くモチベーションとしにくい時代に、能力や個性の発揮を実感し、さらに仕事を「遊び」のように楽しんでいるという点で、団塊ジュニア世代の多くが望みながらも手にすることができていないライフスタイルを見事に体現しているのが、ユウタさんであるといえよう。

4　会社の外へのコミットメント

前節では、会社への関与の仕方と働くことへの意味づけに焦点を当てて、ポスト会社人間世代をそれ以前の世代と比較してきた。本節では、ポスト会社人間の特徴を見出すためのもうひとつの指標である会社の外の世界との関係について、家族生活と、家族外の社会生活に分けて、それぞれの様子を見ていくことにする。

居場所としての家族

まずは、家族との関係から検討してみよう。前節で取り上げたリュウスケさんやユウタさんの事例では、家族を扶養することよりも、個性や能力を発揮することや、面白くて楽しいことが、労働への動機づけとして大きかった。しかし、本書でインタビューを行ったポスト会社人間世代の対象者全体で見れば、既婚で子どもを持つ対象者、とりわけ妻がパート就労や家事専業である対象者の多くが、自らを労働へと駆り立てる大きな要因として、「家族の扶養義務」を挙げていた。この点においては、ポスト会社人間世代の労働エートスは、企業戦士や会社人間の世代のそれと変わらないように見える。

では、家族との関係において、従来のサラリーマン世代と比較した場合、ポスト会社人間世代の特徴はどこに見出されるのだろうか。一言でいえば、それは、家族において単なる稼ぎ手としての役割にとどまるのではなく、家族の一員として、家庭内にいわば自分の「居場所」を確保しようとしている点であると考えられる。企業戦士や会社人間の世代も、決して家族より会社が大切だったわけではなかった。彼らは、家族に豊かな生活を提供するために、それを可能にしてくれる会社にのめり込み、結果的に家族から疎外された生活を送っていた。それに対して、ポスト会社人間世代の対象者の多くは、たとえ長時間労働で、家事・育児の大部分を妻に任せていたとしても、妻の不満がつのらないように、家事や育児のことを気に掛けて妻に配慮する姿勢を示すことで、妻と良好な関係を築き、家庭内に自分の居場所を確保しようとしていた。

そうしたひとつの例として、新人類世代のヒロアキさん（一九六〇年代後半生まれ、事例38）の例を見てみよう。彼は、大手機械メーカーに勤務しており、面接時には海外のカスタマーサービスにかかわる部署の実質的な管理者として働いていた。出勤するのは基本的に平日のみだが、出社は午前八時四五分頃で、退社は午後一〇時頃である。月に二回ほどアメリカとのテレビ会議があり、その際は午前七時出勤となる。海外出張が年間に七~八回あり、一回の出張で一~二週間程度現地に滞在する。面接時には、妻と、小学六年生の息子の三人で暮らしていた。妻は結婚後も正規雇用のフルタイムで働いていたが、出産にともない退職、現在はフルタイムの派遣社員として働いている。

第3章では、仕事時間をある程度削ってまでも育児に参加する父親の例を見てきた。そうした例に比べれば、ヒロアキさんはそれほど家事・育児に多くかかわってきたわけではない。しかし、決して家事・育児を妻に任せっきりにしてきたわけではなく、家事・育児のことを常に気に掛けて、できる範囲で彼自身もそれらに参加してきた。

例えば、子どもが小さい頃は、保育園の送り、おむつの交換、入浴などにかかわってきた。また現在でも、仕事のない週末には家事・育児に積極的に参加している。料理をすることは好きで、「週末のお昼、夜は率でいうと五割以上はつくっています」というように、食事は二回に一回の割合でヒロアキさんがつくっている。「趣味と実益を兼ねて」息子や地域の子どもたちを連れて、海岸にテナガエビやアサリを捕りに行ったりもしている。

しかし、子どもが小さかった頃は、長期出張が多い立場で家を留守にする機会が多く、自分では十分に育児の役割を果たせなかったと考えている。現在も、海外出張などで家を空けることが多く、その間の家事・育児はすべて妻の負担となるため、そのことに対して「申し訳ない気持ち」があるという。こうした経緯から、在宅中はなるべく仕事はせず、家事を手伝うよう心がけている。また、妻に「ちょっと実家に帰っておいで」「旅行に行ってきたら」などと声を掛けて、ストレスを溜めすぎないよう、息抜きの機会を与えるよう配慮している。「お互いがお互いを見ていれば」それほど深刻なトラブルにはならないと考えており、そう実践してきたとのことである。

このように、ヒロアキさんは、第3章で取り上げたヒロムさん（事例20）やアッシさん（事例23）に比べれば、家事・育児のために仕事を減らしたりしているわけではない。それでも、仕事に支障をきたさない範囲で家事・育児に参加し、家庭で自分の居場所を確保しようとしてきた。その行動の裏には、仕事で家を空けなければならないことに対する妻への謝罪意識も働いている。この事例からは、実態はともかくとして、少なくとも規範のレベルでは、男性の仕事中心の生き方が正当性を失いつつあり、家事・育児を夫婦でより平等に担うという考え方が着実に根付きつつあることがうかがえる。いずれにしても、家庭の幸福を願うが故に仕事に埋没し、結果として家庭での居場所を失うという結果を招いていた会社人間世代のサラリーマン像とは異なる考え方と実践を、ヒロアキさんの事例は示している。

社会生活を通した自己成長

このように、ポスト会社人間世代のサラリーマンたちの家族への関与の仕方は、会社人間世代と比較すると大きく変わりつつある。では、家族外の社会生活とのかかわりについてはどうであろうか。

ポスト会社人間世代の対象者のなかで、仕事以外の交友関係として多く挙げられたのは、趣味のサークルを通した交友関係、たまに会う程度の学生時代の友人関係などであった。近隣地域の人々と密接な交友関係を築いている人は少なかったが、持ち回りの自治会委員やマンションの管理組合の委員などを通じて一定の関係を築いている事例が見られた。また、子どもがいる対象者では、子どもが所属する保育園、幼稚園、学校、スポーツクラブなどの活動を通して他の子どもの親との交流が広がっている事例が多かった。

一方、子どもがいない対象者、特に独身の対象者の場合、近隣地域とのつながりがないと答えた人が多かった。しかし、だからといって彼らが仕事を通じた交友関係だけで閉じているとか、職場だけが彼らの居場所になっているというわけではない。積極的に会社の外に人間関係を求め、それを自己成長の糧にしようとしている事例も見られる。

ＩＴ系企業に約二〇年間勤続する新人類世代のミキオさん（一九六〇年代前半生まれ、事例49）は、これまで結婚の経験はなく、東京でひとり暮らしをしている。主任ＩＴスペシャリストとして、本社に通勤するのではなく、主として顧客先の企業に出向してシステム構築などの作業に従事している。

通常は朝九時前に出勤し、遅いときは帰宅が深夜になることもある。土日は基本的には休みだが、月末など、週末でも出勤しなければならないときもある。また、休日でも電話がかかってくるとすぐに仕事モードになるという。

幸か不幸か、世の中が便利になればなるほど、こういうコンピューター関係の仕事に携わっている人たちにとっては、結構酷だと思うんですよね。いまは、二四時間三六五日、だいたい何でもできるじゃないですか。ということは裏でそういうシステムが動いているわけで、結局はそれが動いている間、誰かがサポートしているわけで。だから、何かあって、必要であれば、夜中でもひとりで行かないといけない。そういう時代になったというか、そういう仕事にいま従事しているんですよね。

こうしたハードな仕事を乗り切るためのミキオさんのストレス解消法は、飲みに行くこととゴルフである。しかし、相手は他社の人であったり完全に仕事を離れた知人であったりすることが多く、そこでは仕事の話は基本的にはしないという。これにはミキオさんの信条が反映されている。

会社に入ってから知り合いとか友達を作るにあたって、仕事以外で見つけることはなかなか難しくなっていくじゃないですか。だから、僕は三〇代の時から、極力いろんな会社の方となるべく機会を持ちたいなと思っていて。それはやっぱり、考え方とか、ものの見方とか、そういうものを身に付けたかったからなんですよ。同じ会社のなかにいたら知り得ない情報とかも得られますしね。そういう場に集まってくる人たちって、やっぱり僕と同じような考え方の人たちが多いんですよ。

このように、ミキオさんは社外の人々との交流を、ストレス解消の手段や単なる居場所として位置づけているだけではなく、自己成長の場ともとらえている。彼が社外の人との交流を活発に行うようになったきっかけのひとつは、海外で仕事をした際の経験であるという。海外で、その国の国民性や、自分がこれまで行ってきた方法とは異なる仕事の仕方などに直にふれることで、物事の多種多様性を認めていくことの必要性を感じたからだという。会社への強い帰属意識を持ち、交友関係のほとんどが会社の人間関係で占められているという会社人間世代の典型的なサラリーマン像と比較するならば、ミキオさんの事例は、会社以外の世界へ積極的にコミットしているという点で、新しいタイプのサラリーマン像を示す事例であるといえる。

5　流動化する社会への適応

ここまで、ポスト会社人間世代のサラリーマンに特徴的なライフスタイルとメンタリティを、会社との距離感と会社外の世界へのコミットメントの仕方に注目して明らかにしてきた。それらをいま一度整理すると次のようにいえる。

ポスト会社人間世代は、労働時間の長さや家族を養う責任感に支えられて働くという点では、会社人間世代とそれほど大きく異なってはいなかったが、働くことへの意味づけや会社との距離感については、きわめて異なる特徴を有していた。企業戦士世代では、「会社のため」「家族のため」「自分のため」が三位一体となり、性別役割分業が自明視されるなかで、滅私奉公的な働き方が志向されていた。会社人間世代では、夫の家庭回帰の必要性が語られたり、仕事中心の生活が批判されたりしたが、日本的雇用慣行に守られながら家族を養うために働くなかで、結果的に会社への帰属意識と依存心を強めていた。しかし、ポスト会社人間世代においては、少なくとも意識のうえでは、会社と一定の距離を保とうとしている姿勢が見られた。働くことはより私的なことと意味づけられ、働くことの意義を、会社のためよりも自らの能力を発揮することや楽しめることに見出そうとする傾向が、新入社員に対する意識調査からも、あるいは生活事例からもうかがえた。

また、会社以外の世界へのコミットメントに関しても、ポスト会社人間世代では、会社人間世代とは異なる特徴が見られた。企業戦士世代では、無趣味で「仕事が趣味」であることがむしろ肯定的に語られていたし、会社人間世代では、家庭への経済的な貢献だけではなく家族との実質的な人間関係の構築を志向しながらも、実際には仕事中心の生活によって家族生活や地域生活から疎外される傾向が見られた。しかし、ポスト会社人間世代では、たとえ労働時間が長く、家族とかかわる時間が短くても、その多くは、家事・育児を妻の役割として当然視するのではなく、家事・育児の大半を担う妻を気遣ったり、家事・育児を手伝えないことに対する申し訳なさを示したり、できる範囲で家事・育児を手伝ったりしていた。また、独身のサラリーマンの間では、仕事以外の時間は努めて職場以外の人々との交流を積極的にはかることで自己成長に努めている様子もうかがえた。

こうしたポスト会社人間のライフスタイルとメンタリティは、彼らが独自に選択したものであるというよりも、彼らをとりまく環境の変化に彼らが適応していった結果であると見ることができる。一九九〇年代後半以降、大企業の経営破綻はもはや珍しいことではなくなり、サラリーマン層でもリストラの可能性を常に意識せざるを得なくなってきた。いくら会社に忠誠を尽くしたところで、いつ会社の側から一方的に「戦力外通告」を受けるかわからない。企業に雇用されている以上、企業に利益をもたらすべく職務を全うすることからは逃れられないにせよ、心理的な側面でも会社に強く依存すれば、それだけより大きな生活上のリスクを背負うことになってしまう。こうして会社が安心して依存できる居場所ではなくなれば、会社以外に居場所を確保する必要に迫られてくる。

もちろん、ポスト会社人間世代のすべてのサラリーマンがこうした環境にうまく適応できているわけではない。本章で取り上げたのは、あくまでこうした新たな環境にうまく適応できている事例である。それでも、端的にいえば、会社人間世代と比較した場合、ポスト会社人間世代のライフスタイルとメンタリティは次のように特徴づけられそうである。すなわち、彼らは、会社との間に適度な心理的距離を保ちながらもより私的な動機づけによって長時間労働をこなしており、同時に、会社以外の世界に居場所を確保しつつ仕事以外の私生活の充実もはかっているのである。

注

（1）この調査は、社会経済生産性本部が「新社会人研究村」として、新入社員の研究を加盟企業から請け負い、その参加者に対して研修の一環として実施しているものである。対象者は、大企業または中堅企業の新入社員が中心であり、零細企業や逆に財閥系などの「一流」大企業の社員はほとんど含まれていない。また、初期の数年間を除いて、女性比率はほぼ三〇％である。

第6章　個人化社会における「男らしさ」のゆくえ
――サラリーマンのいまとこれから

多賀　太

《要　約》

かつて男性の生き方の理想であり標準であった「サラリーマン」の像が拡散し、男性のライフコースが個人化するなかで、理想的で威信ある男性の生き方モデルとはどのようなものになりつつあるのだろうか。そうした男性の生き方モデルの変化は、社会のジェンダー構造にいかなるインパクトを与えうるのだろうか。本章では、前章までの知見を振り返りながら、これらの問いへの回答を試みる。職業領域においては、旧来のサラリーマン的な働き方は、「標準的」な男性の働き方としての地位を辛うじて保ってはいるが、高いリスクのもとで自律的に活動しながらより高い地位と収入の獲得を目指す働き方が、より理想的な男性の働き方として台頭しつつある。そうした新たなタイプの働き方もまた、職業世界における男性優位体制に親和的なものである。一方、私生活においては、家族における男性の役割の果たし方のみならず、家族を持つかどうかも含めて、理想的で威信ある男性の生活パターンを特定することは難しくなっており、男性の生き方モデルの揺らぎがジェンダー構造に与える影響は一様ではない。

1　ライフコースの個人化

一九九〇年代以降の一連の社会的経済的変化を背景として、それまで男性の明確な生き方モデルだったサラリーマン像が大きく揺らぐなかで、当のサラリーマン男性たちは何を感じながらいかなる人生を送っているのだろうか。この問いに答えるべく、前章までにわれわれは、具体的な生活事例と当事者の語りをもとにさまざまな角度から考察を行ってきた。そこで改めて確認されたのは、「サラリーマン」として一括りにされてきた男性給与生活者の間での、職業生活と家庭生活の多様化したパターンの存在であった。

旧来のサラリーマン・モデルにきわめて近いタイプの職業生活を送っている人、すなわち新卒で就職して長期安定雇用と年功序列賃金のもとで長時間労働に励んでいる人もいれば、転職を重ねてキャリアアップしたり、より自己裁量の幅が広く成果主義の度合いが高い働き方をしている人もいた。家庭生活においても、家事や育児はほとんど妻に任せて一家の稼ぎ主としての役割に専念している人もいれば、共働きをしながら家事や育児の責任をパートナーと共有している人もいた。

加えて、現在の生き方がいかなるものであるにせよ、複数の生き方モデルの中から主体的に自らの生き方を選択して活き活きと人生を送っている人もいれば、自らの実際の生き方とは異なる生き方へ思いを馳せながらいまを生き抜いている人もいた。あるいは、複数の矛盾する役割期待のもとにさらされるなかで、それらをうまく調整して新たな生き方を見出している人もいれば、特定の役割しか果たせないことに不満や心苦しさを感じている人もいた。

彼らの事例から共通してうかがえるのは、男性の生き方の標準が拡散し、男性のライフコースが個人化してきているということである。男性たちは、自らの生き方の決定を社会に委ねることが難しくなってきており、それを自ら選択せざるを得なくなってきている。そして、その選択の結果については、たとえそれが不本意な選択であったにせよ、自らの責任で引き受けざるを得ない風潮が強まっているのである。

このように、旧来のサラリーマン・モデルは、徐々に標準的な男性の生き方ではなくなりつつある。それでは、この旧来のモデルは、男性にとってもはや理想の生き方ですらなくなりつつあるのだろうか。それとも、多数派の男性が体現するモデルではなくなっているにせよ、依然として男性の理想としての威信を保ち続けているのだろうか。もし、別のモデルがより威信のある男性の生き方として台頭してきているとするならば、その新しいモデルは男性優位社会の持続に寄与するものなのだろうか、それとも男女平等化を促すものなのだろうか。

この最終章では、本書で明らかにされてきた知見を振り返りつつ、これらの問いに答えることを通して、個人化が進行するポスト近代社会における男の生き方のゆくえを占ってみたい。

2　男の理想の働き方

フリーターに対する優越

まず、旧来のサラリーマン的な働き方、すなわち、新卒で正規雇用職に就き、長期安定雇用と年功序列賃金に守られながら定年まで同じ組織で長時間労働に励むという働き方が、現在、男性の生き方としてどの程度威信を持ち続けているか検討してみよう。

サラリーマンを長期安定雇用のもとで働く正規雇用労働者と見なすならば、少なくともある一面においては、「サラリーマン」の魅力は高まっているように思える。その最大の基盤となっているのが男性雇用労働者における非正規化の進行である。「サラリーマン」は、相対的にその実現可能性が低まることで、むしろ男性の生き方モデルにおける威信を高めている。

序章で述べたように、高度成長期には、ホワイトカラー層の拡大やブルーカラーのホワイトカラー化を背景として、男性雇用労働者の正規雇用化が進行した。この時期、多くの男性にとって、サラリーマンは「なろうと思えばなれるもの」だった。しかし、一九九〇年代以降、若年層を中心として失業率や非正規雇用率が大幅に上昇し、サラリーマンは「なりたくてもなれるとは限らないもの」へとその性格を徐々に変化させつつある。

もっとも、サラリーマンになりにくくなっているのが事実だとしても、男性たちがサラリーマンになりたいと思わなくなっているのであれば、その覇権が拡大しているとはいえない。確かに、フリーター男性の中には、現在の企業社会のあり方やサラリーマンの働き方に対する忌避感を持つ者も多く、会社に束縛されながら酷使されるサラリーマンよりも気楽に働けるフリーターであることをむしろ肯定的にとらえている者がいる（本田 2002）。

しかし、経済的な側面や職務上の権限において、長期安定雇用と年功序列賃金に守られたサラリーマンがフリーターよりも優位な立場にあるのは間違いない。例えば、厚生労働省の二〇〇六年度「賃金構造基本統計調査」をもとにみずほ総合研究所が行った推計によると、男性の生涯賃金は、二〇歳から五九歳まで非正規社員として週四〇時間働いた場合は約九九〇〇万円であるのに対して、二〇歳から五九歳まで正社員で働いた場合は約二億三二〇〇万円であり、両者の間には一億三〇〇〇万円以上の格差がある（ダイヤモンド社 2008：32-33）。また、二〇〇七年度の「賃金構造基本統計調査」をもとに労働政策研究・研修機構が行った推計では、男性が新卒から六〇歳の定年まで同一企業に勤め続けた場合の生涯賃金は、高卒では約二億六〇〇〇万円、大卒・大学院卒では約三億円と見積もられている（労働政策研究・研修機構 2010：239-240）。

確かに、正規雇用であっても日々の生活に十分な収入が得られずに副業をしている人もいれば、失業する人もいるように、正社員であれば生活が安泰であるというわけでは決してない。それでも、働き方の「モデル」として見た場合、フリーターよりもサラリーマンの方が優位な立場にあることは明らかである。

このことは、働き方だけの問題にとどまらず、私生活のスタイル面でも、フリーターよりもサラリーマンに威信を付与する基盤を提供する。序章では、特に若い人々の間で「結婚しなくてはならない」「結婚すれば子どもを持たなければならない」という規範意識が弱まっていることを指摘したが、それは、必ずしも彼らの間で「結婚したくない」「結婚しても子どもを持ちたくない」という意識が高まっていることを意味しない。国立社会保障・人口問題研究所「第一三回出生動向基本調査（独身者調査）」によれば、一八歳から三四歳までの独身者のうち、男性の八七・〇%、女性の九〇・〇%が「いずれ結婚するつもり」と答えている（国立社会保障・人口問題研究所 2006：2）。また、これらの「いずれ結婚するつもり」と答えた人のうち、希望する子どもの数を「〇人」と答えた人の割合は、男性四・〇%、女性五・三%とごくわずかであり、希望する子どもの数を「一人」と答えた人も男性で八・一%、女性で七・三%にとどまっている。一方、希望する子どもの数を「二人」と答えた人の割合は、男性六四・六%、女性六一・三%と男女とも六割を超えており、男性の二〇・四%、女性の二三・九%は「三人以上」と答えている（同：12）。このように、「結婚して子どもを二～三人もうける」という家族生活のスタイルは、意外にも、若い独身の人々の間で依然として理想と見なされていることがわかる。

こうしたスタイルの家族生活を実現するうえで、サラリーマンはフリーターより明らかに有利な条件に恵まれている。結婚したり子どもをもうけて育てたりという営みには経済的な基盤が必要であるが、そうした基盤を提供する主たる責任は依然として男性に期待されており、結婚に際して男性には「安定した収入」や「正社員であること」が強く求められている。厚生労働省の「二一世紀成年者縦断調査」によれば、二〇〇二年一〇月時点で二〇～三四歳の独身であり、その後五年間に結婚した男女について見てみると、女性の場合、結婚した人の割合とその人の雇用上の地位との間に関連は見られなかったが、男性の場合、非正規雇用労働者で結婚した人の割合（一一・一％）は正規雇用労働者で結婚した人の割合（二四・〇％）の約半分であり、年収が低いと結婚した割合も低い傾向が見られた（厚生労働省 2009a：8）。確かに、一九九〇年代になってから、若い独身女性の間では専業主婦志向が弱まり、仕事と家庭の両立志向が高まっているが[1]、女性雇用労働者の半数以上は非正規雇用であり、なおかつ女性の非正規雇用化は男性以上のペースで進行している[2]。こうした社会的状況のもとでは、多くの女性たちが、たとえ専業主婦志向でなくても、結婚相手に収入の安定を求めることもうなずける。

したがって、少なくとも現代の日本社会の文脈においては、雇用形態や収入の額は、ジェンダー・ニュートラルな指標というよりも多分に「男性化された」指標であり、それらにおける格差は「男らしさ」の格差でもあるといえる。夫が一家の稼ぎ手として妻子を養うという家族生活のスタイルは、それを望んでも経済的な理由からそれがかなわない層の男性たちにとっては、ある種の威信を持つスタイルであり続けている。長期安定雇用と年功序列制に守られた正規雇用労働者としてのサラリーマンの働き方は、非正規雇用労働者のフリーターの働き方との差異化を通して、より「男らしい」働き方としての意味づけを強めているといえる。

理想の働き方としての「ビジネスマン」

ところで、従来、長期安定雇用に守られた正規雇用労働者は「サラリーマン」として一括りに扱われることが多かった。本書でも、特に断りのない限り「サラリーマン」をそのようにとらえてきた。しかし、そうした正規雇用労働者のあいだでも働き方は多様化しており、それぞれのタイプの働き方は、その威信において決して対等ではない。このことは、当事者たちの間でも十分認識されている。

筆者は、本書での調査（巻末資料の調査）の実施に先立って、二〇〇三年に在オーストラリア日系企業駐在員男性に対してインタビュー調査を行ったが、その対象者の何人かは、企業の中核労働者を、その働き方の違いにもとづいて「サラリーマン」対「ビジネスマン」という対比でとらえており、そうしたラベルは、彼らの職業アイデンティティにも強い影響を与えていた。次の三名（すべて仮名）の語りは、「職業上の立場でいえば、あなたは、あなた自身を何者だと思うか」という問いに対する回答として得られたものである（多賀 2004：71）。

日系銀行現地支店に勤めていたヨシムラさん（当時三〇代後半）は、取引相手のほとんどは特定の日系企業であり、仕事の内容はかなりルーティーン化されているとして、次のように語っている。

ヨシムラ：（私は）サラリーマンでしょうねえ。

筆　者：サラリーマン？

ヨシムラ：うん、もうちょっと権限持って仕事をしてりゃビジネスマンでしょうけど。

筆　者：ああ、ビジネスマンの方が権限があるようなイメージですか。
ヨシムラ：あるんじゃないですかねえ、まだ。

逆に、日系精密機器メーカー現地法人で管理職に就いていたソノヤマさん（当時四〇代前半）は、自分は「サラリーマン」というよりも「ビジネスマン」であるとして、次のように述べている。

ソノヤマ：（私は）やっぱりビジネスマンですよね。特にこういうところ（海外支店）で、小さいところながらも、幅広いことを少人数でやっているっていう、それなりに自分がなんかやっているという自負がある。ただし、社長じゃないですから、経営者というつもりはないですけど、まあサラリーマンていうにはちょっと、ちょっと響きがあれかなってていう気はしますけど。
筆　者：やっぱりサラリーマンというと、あまり自分の自由裁量がないというイメージですか。
ソノヤマ：「ワン・オブ・ゼム」という感じがしますね。

一方、日系大手製鉄メーカー現地法人で中間管理職を務めていたヒロタさん（当時三〇代後半）は、自分は「サラリーマン」でも「ビジネスマン」でもないとして、次のように述べている。

サラリーマンてねえ、僕のイメージでいくと、かっちり型にはめられてっていうイメージがあるんですけど、そういうのはあまりねえ、（周りから）言われなかった。やることやっとけば、何時に来て何時に帰ろうといいやという感じだったし。（でも）ビジネスマンみたいに積極的にボコボコと、なんかこうね、ビジネスをしかけたりするっていう感じでもないし。

彼らの語りには、ふたつの大きな共通点が見られる。ひとつは、働き方における自律性の度合いによって「サラリーマン」と「ビジネスマン」を区別しようとしており、自律性が低いのが「サラリーマン」、それが高いのが「ビジネスマン」だと見なしている点である。もうひとつは、自らをどちらに同一視するかにかかわらず、自律性の低い「サラリーマン」をネガティブにとらえ、自律性の高い「ビジネスマン」をポジティブにとらえている点である。

本書の調査対象者にも同様の質問を投げかけてみたところ、仕事上の自律性の低さを表すのに「サラリーマン」を用いる人（事例7トシオ）以外にも、「会社員」（事例25キョウスケ、事例27ミノル）、「組織人」（事例12ヤスオ）などを使う人もいた。また、仕事上の自律性の高さや会社からの自立性を表すのに、技術系では「エンジニア」（事例15リュウスケ）、事務系では「仕事人」（事例6ヨシカズ）という言葉を用いる人もいた。しかし、それぞれをどのような言葉で言い表そうとも、自律性の高い立場を自律性の低い立場よりも肯定的にとらえているという点では皆一致していた。

表6-1　サラリーマンの働き方

	近代モデル	ポスト近代モデル
仕事の自律性 自己裁量の度合い	低い	高い
時間と空間における 仕事と私生活の区別	明確	曖昧
能力開発	職場内訓練中心の より他律的な能力開発	職場内・職場外での より自主的な能力開発
キャリアアップ	長期安定雇用と年功序列による社内での「遅い選抜」を通したキャリアアップ	業績に応じた抜擢を通した社内昇進や転職による業界内でのキャリアアップ
収　入	安定しているが 相対的に低い	不安定だが 相対的に高い
仕事の世界の広がり	特定地域や国内で ほぼ完結	海外とのかかわり大
使用言語	ほぼ日本語のみ使用	英語を中心とした 外国語の使用が必要

近代モデルとポスト近代モデル

男性正規雇用労働者の働き方を分かつものは、仕事の自律性の程度だけではない。本書を通して確認してきたように、彼らの労働環境を特徴づける指標は、仕事の自律性の他にも、時間と空間における仕事と私生活の区別、能力開発の仕方、キャリアアップの仕方、収入パターン、仕事の世界の広がり、使用言語など、さまざまである。表6-1は、本書におけるこれまでの考察をふまえ、これらの働き方の指標のそれぞれに関して二分法的パターンで表したものである。

「近代モデル」と記した列に配置されているのは、従来サラリーマン・モデルとしてイメージされてきた、伝統的な雇用労働者の労働パターンである。仕事は職場のみで行い、始業や終業の時刻は雇用側によって管理されているというように、仕事と私生活は空間的にも時間的にも明確に区別され、自己裁量の度合いは低い。能力開発は職場内訓練が中心であり、長期安定雇用と年功序列制のもと、職場組織の内部でゆっくりと昇進の階段を上っていく。職場組織が安泰である限り収入は安定するが、どれだけ努力しても劇的に収入が増えることは期待できない。定年まで同じ組織で働くことが前提とされるため、個人の努力以上に組織の浮沈に人生が大きく左右される。仕事の世界は職場組織だけで完結する場合もあるし、広がったとしても特定の地域やせいぜい国内に限られる。基本的に日本語の使用のみで仕事は十分務まる。

一方、「ポスト近代モデル」と記した列に配置されているのは、近年より顕著に見られるようになってきた個人化された労働パターンである。自己裁量の度合いが高く、自宅で仕事をすることが可能であるなど、仕事と私生活の区別は時間的にも空間的にもよりあいまいである。職場内訓練にとどまらず、職場外でのさまざまな機会を利用して主体的に能力開発を行い、能力をより高めたり優れた業績をあげたりすれば抜擢人事もあり得るし、そうした実績を元手としてよりよい条件とさらなるやりがいを求めて転職することもためらわない。仕事でかかわる世界は、日本社会を超えて海外へと広がっており、職務上、英語をはじめとする日本語以外の言語の使用が求められる機会も多い。

この二分法的な対置は、現代サラリーマンの多様な働き方を類型化して理解するためのモデルであって、すべてのサラリーマンがこのどちらかのモデルへと明確に振り分けられるわけではない。むしろ、彼らの働き方は、それぞれの指標に関して左右ふたつのパターンを両極とする連続線上のどこかに位置づくものとして理解することができる。ある指標に関しては左側のパターンにより近く、別の指標については右側のパターンにより近いという場合もあるだろう。それでも、大筋として、多様な働き方をしているサラリーマンをどちらかのモデルにより近いタイプとして理解することは十分可能である。

第1章でもふれたように、「近代モデル」が想定している労働者像の典型は工場で製造業に従事する人々であり、このモデルそのままに融通の利かない働き方をしている事務系のサラリーマンはそれほど多くないに違いない。それでも、例えば地方公務員のノブオさん（事例22）や福祉団体職員のジロウさん（事例11）、さらには第2章で取り上げた国家公務員のシンスケさん（事例42）やヤストさん（事例54）などの働き方は、比較的このモデルに近い。また、本書でこれまで言及してきた日系企業に勤める対象者の働き方を見る限り、たとえ特定の側面では「ポスト近代モデル」に近くても、全体的には「近代モデル」に近い働き方の人がほとんどである。

それに対して、第1章で取り上げた外資系ネットワーク会社日本法人の統括責任者であるヒロユキさん（事例18）、第2章で取り上げた外資系投資銀行部長のゴロウさん（事例39）、第5章で取り上げた外資系総合電機メーカー勤務のユウタさん（事例53）など、外資系企業に勤める対象者の多くは「ポスト近代モデル」にかなり近い働き方をしてきている。

働き方の分化と序列化

こうした働き方の分化は、単なる横並びの分化ではなく、それらを通して得られる給与や威信の点での序列をともなう分化である。「近代モデル」に比べて「ポスト近代モデル」が、「自己選択」と「自己責任」を強調し「弱肉強食」を正当化する新自由主義イデオロギーや、人、モノ、カネ、情報が国境を越えてスピーディーに移動するグローバル資本主義社会により適合的な働き方であることは明白である。

本書の調査では、対象者のプライバシーに配慮して収入の額については尋ねていないが、週末を過ごすため都内の自宅の他に富士山麓に別荘を購入したヒロユキさん（事例18）や、外資系投資会社に転職して日系銀行の頭取よりも多額の収入を得たと語るゴロウさん（事例39）の例に見られるように、「ポスト近代モデル」に近い働き方で成功を収めている対象者の多くは、「近代モデル」に近い働き方をしているサラリーマンでは到底手にできないくらいの収入を得ていることが推測される。

また、第2章において典型的に示されているように、「近代モデル」に近いタイプの人からも「ポスト近代モデル」に近いタイプの人からも、「近代モデル」の問題点やそれに対する不満の声は聞かれても、「ポスト近代モデル」への不満の声は聞かれない。むしろ、「ポスト近代モデル」は、「近代モデル」に不満を持ったりそれに飽き足らなくなったりした人がより望ましい状況を求めて飛び込んでいく対象として語られている。格差社会に批判的な見方を示すゴロウさん（事例39）も、そうした格差社会に適応して生き抜く自らの「ポスト近代」型の働き方自体を否定してはいない。

もちろん、「ポスト近代モデル」の働き方は、それが成功した場合に手にできる経済的・心理的報酬の多さと引き替えに、それ相応のコストやリスクをともなうものでもある。このことは、「転職してはみたものの、うまくいったとは思っていない」と語るシステム・エンジニアのトシオさん（事例7）の事例からもうかがえる。彼は、日系ネットワーク会社に入社して以来、七年間にわたって「近代モデル」に典型的なスタイルで長時間労働を強いられ、体調を崩すことがしばしばであった。そうした頃に、日系大手金融機関傘下のシンクタンクが、自己裁量の度合いが高く業績次第で上限なく年俸が上がり転勤もないポストを新設して中途採用を募集していたので、そこへ転職した。確かに、自己裁量の度合いは高まって労働時間は減少したので、その後妊娠した妻を支えるのには都合がよかった。しかし、かなり業績を上げても、転勤のある「プロパー社員」より給与は少なく、労働時間あたりの賃金は前職とあまり変わらないものの労働時間が減った分収入も減った。しかも、退職金もないうえに収入額は不安定である。もうすぐ生まれてくる子どもを大学まで行かせられるかどうかといった経済的な不安を抱えており、もう一度転職をすることを考えてはいるものの、現段階ではそこまで踏み切れないと語っていた。しかし、そのトシオさんの口からも、転職したこと自体への後悔や、以前の職場の方がよかったという語りは一切聞かれなかった。

このように、いまや、自らのキャリアをより自律的にコントロールしながら、より高いリスクと引き替えにより高い地位と収入を手にする、より個人化された働き方が、ポスト近代社会における男性の多様な働き方のなかで覇権的な位置を占めようとしている。

3　男の理想の私生活

リスク管理としての共働き

職業生活から私生活へと目を転じると、男性の生き方モデルにおける旧来のサラリーマン・モデルからの大きな転換のひとつと見なされる現象が、共働きの増加である。

総務省の労働力調査によれば、妻の年齢が二五〜三四歳であるカップルのうち夫婦ともに雇用労働者である割合は、一九八〇年には二〇・九％に過ぎなかったが、二〇〇四年には三九・二％とほぼ倍増して四割近くに達している。妻の年齢が三五〜四四歳の夫婦では、共働き雇用労働者の割合は二〇〇四年には四七・〇％にまで達している（内閣府 2005b：95）。また、序章でも述べたように、三〇〜五〇歳代の男性では、「女性は子どもができてもずっと職業を続ける方がよい」という考え方をほぼふたりにひとりが支持しており、「女性は子どもができたら職業をやめ、大きくなったら再び職をもつ方がよい」という回答と合わせると約七割から八割が出産後の女性の就労を支持している（内閣府 2007a）。このように、実態としても人々の意識のうえでも、共働きであることはサラリーマンにとってごく当たり前のことになりつつある。

こうした現状を、男性たちが男女平等主義的な価値を積極的に志向しはじめたことの表れと見なすことはできるだろうか。意識調査は、こうした見方に否定的な結果を示している。内閣府の「多様な働き方に関する意識調査」(二〇〇六)によれば、夫婦の働き方として「共働きが望ましい」と回答した二〇～四九歳の既婚男性に共働きを支持する理由を尋ねたところ、「夫婦で仕事や家事・育児を平等に分担すべきだと思うから」(七・九%)、「夫婦それぞれが経済的に自立しているべきだと思うから」(六・一%)、「夫婦ともに仕事を通して自己実現すべきだと思うから」(一九・七%)といった平等主義的な価値にもとづく回答は少数派であり、「金銭的にゆとりある生活をしたいから」(四四・七%)、「夫婦いずれかの失業や病気など不測の事態に対応できるから」(二一・五%)といった、経済的な動機やリスク回避の観点からの回答が多数を占めていた(内閣府 2006 : 84)。

こうした経済的な動機にもとづく共働きの事例は、本書の対象者においても確認された。最近分譲マンションを購入したばかりという私立学校教員のコウジさん(三〇代後半、事例24)は、一歳年下の会社員の妻とともに、仕事とふたりの娘(五歳と三歳)の育児の両立に奮闘している。朝は七時頃に娘たちを連れて自宅を出発し、途中で保育園に寄ってから職場に出向いている。帰宅時間は日によって異なるので、娘たちの迎えは短時間勤務制度を利用して早めに退勤している妻が務めている。彼の方が帰りが遅いし、帰宅後も授業の準備やEメールを通じての保護者とのやりとりなどの仕事があるため、妻の方が家事・育児の量は多くなっているが、時間がある限り、彼も料理、食器洗い、掃除、子どものおむつ換えや入浴など、一通りどれも行っている。それでも、分担の仕方をめぐって夫婦で衝突することがしばしばあるという。

お互い仕事をやっているので、つい、お互いが仕事に逃げて、育児の責任を押し付け合ってしまうんですね。例えば、ふたりとも仕事で疲れて帰ってきて、子どもが何々が食べたいといったときに、食事を食べさせなきゃいけないけどふたりとも作りたくなくて、どっちが作るのかでもめたりだとか。仕事でのイライラをそのまま引きずって帰ってきて、子どもについ当たってお互いに気まずい思いをするとか。そういうことは日常的にありますね。

フルタイムで共働きをしながら子育てをしているカップルにはそれほど珍しいことではないだろうが、コウジさんの語りからは、彼も妻も、仕事と家事・育児を両立させるために、毎日かなりハードな日々を送っていることがうかがえる。では彼らは、夫婦ともに仕事と家事・育児を担うという生活スタイルをどのようにとらえているのだろうか。コウジさんの妻で、大手損害保険会社に勤務するマナミさん（三〇代後半、事例29）は次のように語っている。

結婚しても仕事を続けるかどうかは相手次第だと思っていたので、別にこだわって仕事を絶対続けたいとか思っていたわけでもないし、結婚してもたまたま住む地域が変わらなかったし、別に仕事を辞める必要もなかったので、そのまま来ているといった感じですね。他の人に比べたら子育てというハンディを背負っているので、どうしても続けられなくなったらそのときは辞めようと思っているので、とりあえず続けられるところまでは続けようかなと思っています。

このように，マナミさんは，男女平等主義に強く傾倒しているわけでも，仕事を通した自己実現欲求がそれほど強いわけでもなさそうであるが，結果的に現在まで仕事を続けている。

一方，コウジさんは次のように語っている。

私たちが共働きをするのも，やはり不安があるからなんですね。共働きされてる方は，必ずしも裕福になりたいということばかりでされてるわけではなくて，やはり雇用に対する不安とか，そういったものがあるんだと思います。特に女性の雇用に関しては，一度辞めてしまうと元の状態に戻りにくいというのがありますから。恐らくこれから先も，どちらか片方が仕事を辞めるということはなかなかないでしょうね。こうした不安をもたらした元凶は格差だと思うんですね。今後もこうした不安が世の中に広がっていくと思いますよ。

もちろん，忙しい仕事の合間を縫ってこれだけ家事・育児をこなしているコウジさんであるから，男女平等主義的な価値観も持ち合わせているだろうし，妻の自己実現に対する気遣いもあるだろう。しかし，彼らの語りからは，「男女平等の実現を目指す理念に基づく結果というよりも，経済的なゆとりを確保するという目的のために編成された，経済的要請の結果としての共働き」（天童・高橋 2009）という実情がうかがえる。

第3章でもふれたように，男女双方が「非伝統的役割」を担うようになった分だけ，それまで自らが担ってきた「伝統的役割」を相手に委譲することができれば、お互いにそれほど負担を増やすことなく男女平等な関係を構築することができる。しかし、本書の対象者たちの生活事例からうかがえたのは、「伝統的役割」はほぼそのままに、「非伝統的役割」を新たに担うことで負担が増大しているという現状であった。妻が働くようになったからといって、その分サラリーマンの夫の労働時間が減るということはほとんどあり得ない。夫が子育てに参加するようになったからといって、それと同じだけ妻の子育て負担を減らすのは意外に難しい。われわれは、一度上昇した生活の水準を落としたくはないし、できるだけリスクを最小限に抑えて安全を確保したい。そうして負担は際限なく増大していく。

当事者たちの意図がどうであれ、共働き夫婦の増加が、社会におけるジェンダー構造を男女平等化の方向へと変化させることは確かであろう。ただし、共働きを支持する男性の多くは、それを男性の理想の生き方として積極的に支持しているというよりも、むしろ現実をふまえた生活戦略として支持しているようである。確かに、共働きというライフスタイルは、もはや男の甲斐性のなさを示すものではなくなったし、むしろ生活上のリスクを軽減する戦略として積極的に意味づけられるものにさえなっている。しかしそれは、少なくとも現時点では、男性の多様な生き方のなかで最も理想的で威信ある生き方と見なされているわけではなさそうである。

「男らしさ」としての子育て

男性の私生活における旧来のサラリーマン・モデルからの転換のなかでも、共働きの増加以上に際だっているのが、子育てへの参加である。

父親の子育て参加を促す言説は、子育てに参加しない父親への脅迫（「育児をしない男を、父とは呼ばない。」）から、子育てに参加する父親の称賛（「イクメン」）へと、その強調点を変化させながらも、着実に人々の間に浸透しており、その正当性をますます高めている。この一〇年間で、「ケアラーとしての父親」（舩橋 1999）という父親像は、日本社会にすっかり定着したといってよいだろう。そして、第4章で見たように、少なくとも都市部の高学歴層の間では、いまや「チューターとしての父親」像までもが浸透しつつある。

確かに、サラリーマンが子育てに参加するようになったといっても、それは決して女性と対等に参加するようになったことを意味するわけではない。共働きであっても、妻の育児参加時間に比べて夫の育児参加時間はまだ圧倒的に少ない。平成一八年社会生活基本調査によれば、末子が三歳未満の共働き世帯では、妻の育児時間は二時間四九分であるのに対して、夫の育児時間は四三分と妻の約四分の一である（総務省統計局 2006）。また、自らのキャリアを断念してでも乳幼児期の世話責任や児童期の教育責任を全うしようとする女性が少なくないのに対して、本書の第3章と第4章でも確認してきたように、男性では、かなり積極的に子育てに参加している人でさえ、多くは仕事に支障のない範囲での参加であり、仕事をある程度「犠牲」にしていたとしても、一家の稼ぎ主の立場が脅かされない程度の「犠牲」に抑えられている。

それでも、これまでの本書における考察の結果をふまえるならば、自らは稼ぎ主の役割に徹し、子育ての責任は妻に委ねるという男性の生き方モデルは、すでに正当性を失っているといってよいだろう。いまや、子育てにかかわることは、少なくとも「男らしさ」の価値を減じるものではなくなった。そして、「おむつを換えて嫁の手伝いをすることが、男らしいことになるかもしれません」というゴロウさん（事例39）の語りに見られるように、子育ては正当な「男らしさ」の構成要素となりつつあるとさえいえるかもしれない。

共働きであればもちろんのこと、たとえ家族で唯一の稼ぎ手であったとしても、父親は、扶養という間接的な子育てだけでなく、世話、しつけ、学習支援といった直接的な子育てへの参加から完全に逃れることはできなくなっている。そのことは、唯一の稼ぎ手でありながら、仕事の時間を削って育児に参加することで仕事の不全感に悩んでいるヒロムさん（事例20）や、仕事が忙しすぎて育児に関われないことに罪の意識を感じているアキオさん（事例10）の事例からも明らかである。

では、実際の参加の程度の問題はともかく、子育てに直接的に関与することが父親の正当な生き方モデルになったという事実は、子育て責任を妻に委ねて仕事に没頭するというサラリーマン・モデルに支えられつつ維持されてきた男性優位の職業社会にどのようなインパクトを与えうるだろうか。

まず、夫婦でほぼ同等に働き、ほぼ同額の収入を得て、子育てにもほぼ同等に携わるという夫婦関係のあり方が、男女の平等化に寄与することは確かである。それでは、近年顕著になりつつある、妻が家事専業であっても夫は従来の稼得責任をそのまま担いつつ部分的に子育て責任も遂行するという「男性の二重負担」タイプ（矢澤他 2003）の夫婦関係についてはどうだろうか。

「男性の二重負担」モデルの台頭は，少なくとも家庭内でのアンペイド・ワークの配分の観点から見れば，従来母親だけが負担を強いられがちであった子育て責任の一部を父親にも担わせることに成功したという点では，女性の地位向上と男女平等化を目指すフェミニズムの戦略が部分的にであれ功を奏したことの表れと見なすことができる。それればかりか，当の男性の側からすれば，妻は稼得責任を免除される一方で，夫は稼得責任をひとりで負いつつ子育て責任も負う点で，「二重負担」モデルは，男女平等どころかむしろ女性優位の分業であると感じられるかもしれない。

しかし，見方を変えるならば，「二重負担」モデルの台頭は，男性支配体制の維持を目指す家父長制イデオロギーによる「肉を切らせて骨を断つ」戦略の成功を意味していると見ることもできる。なぜなら，家事労働責任が軽減されて家庭での居心地が少しはましになった女性たちが，職業社会で男性と張り合おうとせず，家庭を本来の居場所と見なしてくれるならば，職業領域における男性支配体制は安泰であるし，家庭においても男性が稼ぎ主としての地位を守り続けることができるからである。その場合，男性の子育て責任は，フェミニズムによる抵抗を部分的に受け入れながら男性支配の社会体制を維持していくために新たに生じた「男らしさのコスト」（Messner 1997：多賀 2006：iii，167-195）であるとも考えられるのである。

コストとしての家族

このように、いまや、子どもを持てば、仕事と子育ての間で葛藤に苦しんだり、仕事と子育ての二重負担に耐えなければならない男性も増えてきた。確かに、女性たちはずっと以前からこうした問題に直面してきたし、こうした問題をめぐる男性たちの悩みは、女性たちのそれに比べればずっと軽いものかもしれない。

しかし、そうはいっても、子どもを持つということが、サラリーマンにとって、ますます経済的な側面にとどまらない負担になりつつあることも事実であろう。いまや、子どもを持ちながらほとんど子育てにかかわれないのであれば、いっそのこと子どもがいない方が、社会から受ける否定的なまなざしの点でも、本人の罪悪感や落ち着かなさの点でも、ダメージが少ないかもしれない。こうしたなかで、個人の自由な生活や仕事をより大事にしたいと考える男性たちのなかには、子どもを持つことをコストやリスクと見なし、それを回避してきた人も見られる。

シゲトさん（三〇代後半、事例8）は、損害保険会社の関西地区にある支店に勤務しており、新築マンションを購入したばかりだった。結婚して一〇年以上になるが、子どもはおらず、一歳年下の専業主婦の妻とふたりで暮らしていた。子どもを持つかどうかについて、彼は次のように語ってくれた。

子どもが欲しいといえば欲しいんだけど、いなくてもいいかな、みたいな感じ。正直悩んでいるところです。この歳になると、自分の考え方とか生き方を伝える人がほしいなと思う一方で、いまののんびりした生活も捨てがたい。嫁さんが「別にいまいらん」といっているので、それに半分甘えて、「じゃあいいか」という感じで、子どもをつくっていないというのはありますね。

シゲトさんの場合は、子どもを持ちたくないという強い意志があるというよりも、いまの生活パターンを変えたくないという消極的な理由で、結果的にいままで子どもを持たないままでいる。それに対して、マナブさん（五〇代前半、事例51）は、積極的に子どもを持たない人生を選択してきたタイプである。

私は、意図的に子どもを持たなかったんです。理由はふたつ。ひとつは、自分が、早く、うまく駆け抜ける人生を送りたかったから。もうひとつは、子どもがいて本当に問題なく良かったという人は、世の中で二割くらいだろうと思うからです。複数子どもがいたらどちらかはうまくいかない。頭が悪いだけじゃなくて、家庭で問題を起こしたりもする。だから私は、結婚したときから子どもは持ちたくないと言っていました。家内もそれに賛成してくれました。

「早く、うまく駆け抜ける人生を送りたかった」と語るように、彼は、子どもを持たずに仕事に精力を傾けるという選択によって、結果的に、最初に入社した会社では同期でトップのスピード昇進を遂げ、その後転職して外資系企業日本法人のナンバー２の地位に就いている。

子どもを持つことが当たり前だった時代には、子育てにともなう負担は「仕方がないこと」であり、子育ての「失敗」を「不運」と見なすこともできた。しかし、子どもを持つかどうかは個人が選択すべきことになった現在、子育ての負担や失敗は、その選択を行った個人が自己責任として全面的に引き受けるべきものと見なされる風潮が強まっている。さらに、子育てをまったく妻に任せておけた時代には、男性は子育ての負担から逃れられただけでなく、子育ての失敗の責任を妻に押しつけることさえ可能だった。しかし、父親の子育て参加が当たり前とされる現在では、父親は子育てにともなう負担を引き受けざるを得ないだけでなく、それが失敗したときの責任からも逃れられなくなってきた。そうした意味で、男性にとっても、子どもを持つことのコストやリスクとしての側面が拡大してきているといえるだろう。

しかもこれは、子どもを持つことに限らない。結婚して特定のパートナーとともに暮らすこともまた、一面においては、男性の人生にとってのコストやリスクとしての性格を強めているように思える。かつて社会の大半の人々によって共有されていた「男は仕事、女は家庭」という性別役割分業規範は、確かに、女性に家庭内のアンペイド・ワークの責任を負わせ、公的な領域における女性の地位向上を阻害するとともに、男性を過剰なまでに仕事へと囲い込み、男性の生き方の幅を狭めてきたという点で、多くの問題を含むものであった。しかし他方で、性別役割分業という生き方の指針が社会的に共有されていたことによって、これまで男性と女性は容易に互いのライフコースを調整し両者を接合させることができていた。男性であれば、とにかく仕事に専念し、家庭に収入をもたらしてさえおけば、家族生活は安泰であった。

ところが、性別役割分業規範の正当性が低下し、男女のライフコースが個人化していくなかで、ふたりの人間が長年にわたってともに暮らしていく仕方には多様な選択肢が準備されると同時に、いかなる仕方で生活をともにしていくのかを当事者たちが模索し決定しなければならなくなった。そのため、互いに好意を抱いていても、互いのライフコースを調和させるために共有できる指針を見出せないがために共同生活をあきらめざるを得ない場合も増えてくる。また、一方のライフコースを他方が望むライフコースに合うよう大幅に変更して共同生活を送るならば、不本意なライフコースを選択させられた側は、以前にも増して不満を募らせることになる。社会的に共有された規範によって不本意なライフコースを強いられたのであれば、「腹をくくる」ことや不満を社会にぶつけることもできるが、個人化が進行した社会においては、そうした生き方を「選択した」責任は自己に帰されるからである。こうしたなかで、特定のパートナーと長年連れ添うことのない人生は、これらのリスクやコストから個人を解放してくれる。

もちろん、本章の第2節でもふれたように、若者たちの大多数は、結婚をしたいと思っているし、子どもが欲しいとも思っている。また、結婚や子育てのあらゆる側面を損得勘定だけでとらえようとする人もほとんどいないに違いない。本書の対象者の事例からは、仕事と子育ての両立でどんなに苦労しようとも子育てに何ものにも代え難い喜びを見出したり、入念なコミュニケーションを通して互いのライフコースとライフスタイルを調整しつつパートナーとの信頼関係を築いたりしながら、損得勘定には決して還元できない人生の充実を感じながら日々を生きている様子がうかがえた。

それでも、シゲトさんやマナブさんの事例からうかがえるように、共有された生き方の「型」が拡散し、市場化と個人化が進行する現代社会においては、われわれは人生の選択におけるコストとリスクをより意識せざるを得なくなっていることもまた確かであるように思える。

4 個人化社会における「男らしさ」のゆくえ

本章では、前章までに明らかにされた知見を振り返りつつ、新たな事例にもふれながら、社会の個人化が進行するなかで顕在化してきたさまざまな男性の生き方モデルのなかでいかなるタイプが覇権的な位置を占めようとしているのかを探り、男性の生き方モデルにおける変化が社会のジェンダー構造の変化といかなる対応関係にあるのかを考察してきた。

職業領域においては、男性雇用労働者の非正規雇用化と、それ以上のペースで進行する女性の非正規雇用化を背景として、一家の生活を支えるに足る安定した収入を得られる旧来のサラリーマン的な働き方は、男性の理想的かつ威信ある働き方としての地位を一定程度保ち続けている。しかし、仕事の仕方やキャリア形成の仕方をより自律的にコントロールしながらより高いリスクと引き替えにいっそう高い地位と収入を手にする働き方が、長期安定雇用と年功序列賃金を特徴とする旧来のサラリーマン的な働き方よりもさらに威信ある働き方に位置づこうとしている。能力主義が強化され、従来は男性にしか与えられていなかった職業的成功の機会が少なくとも一部の女性にも開かれてきたとはいえ、その分、職業社会で高い地位と高額の収入を獲得することこそが理想的で威信ある男性のあり方であるとの社会的意味づけは、弱まるどころかむしろ強化されている。職業領域における旧来の理想的なモデルは新たなモデルに取って代わられようとしているが、新たなモデルもまた労働市場と職場組織における男性優位体制に親和的なものであるといえる。

一方、私生活の領域においては、職業領域におけるほどには、いかなるあり方が男性にとっての理想なのかを特定することは難しく、それゆえに男性にとっての理想的な生き方モデルがジェンダー構造に与える影響を特定することも容易ではない。雇用労働者夫婦の共働きは、理念の上でも実態としても少数派ではなくなっているし、子どもを持てば男性も子育てに参加しないわけにはいかなくなった。家族における役割を妻とより対等に担うことが男性の生き方としての正当性を高めているという点では、旧来の生き方モデルの揺らぎは男女平等化を促進しているといえる。しかし他方で、雇用労働者夫婦の共働きは、経済的な要請によって選択されていても必ずしも文化的な理想として支持されているわけではないし、子育てに参加した分だけ夫の稼得責任が減免される様子も見られない。稼ぐことが女性よりも男性にとっての理想的な役割として期待され続けているという点では、一見新しく見える男性の家族生活パターンも、どちらかといえば職業領域における男性優位構造の変革よりも維持に寄与しているといえる。さらに、意図的にであれ結果的にであれ、子どもを持たない人生や特定のパートナーと長年連れ添わない人生を送る男性が増加し、職業的成功や自由な私生活に対する、家族を持つことのコスト面がより強く意識されるなかで、家族を持つことは、理想的で威信ある男の生き方に不可欠の要素であるとは必ずしもいえなくなりつつある。

本書を通して描いてきたのは、一見すると男性優位の職業社会における成功者として順風満帆な人生を送っていそうに見える男性たちが、男の生き方の指針が揺らぐなかで、さまざまな葛藤や選択を繰り返しながら日々を生き抜いている姿であった。社会規範が多様化し唯一の生き方の指針を見出せない時代であればこそ、彼らひとりひとりの人生の軌跡は、社会のあり方と個人の生き方を構想するためのヒントが無数に詰まった宝庫なのである。

注

(1) 同調査によれば、①「専業主婦」(結婚し子どもを持ち、結婚あるいは出産の機会に退職し、その後は仕事を持たない)、②「中断再就職」(結婚し子どもを持つが、結婚あるいは出産の機会にいったん退職し、子育て後に仕事を持つ)、③「両立」(結婚し子どもを持つが、仕事を一生続ける)という三つのライフコース・パターンのそれぞれを希望する独身女性の割合は、一九八七年には①三三・八%、②三一・一%、③一八・五%だったのが、二〇〇五年では、①一九・〇%、②三三・三%、③三〇・三%となり、二〇年足らずのうちに「専業主婦」志向と「両立」志向の割合がほぼ逆転している(国立社会保障・人口問題研究所 2006:11)。

(2) 雇用労働者(非農林業)に占める非正規雇用の割合の推移を一九八五年、一九九八年、二〇〇八年の三時点で見てみると、男性でも七・二％↓一〇・三％↓一九・一％とかなり増加しているが、女性では、三二・九％↓四二・七％↓五三・五％と、もともと男性に比べてかなり割合が高かったうえに、男性を凌ぐ急激なペースで増加している（内閣府 2009b：25）。

付録　調査の概要

多賀　太

本書が依拠している生活史面接調査は、ふたつの調査プロジェクトからなる。ひとつは、平成一六～一八年度科学研究費補助金（若手研究B）「男性雇用労働者の生活構造の変化と持続に関する研究」（研究代表者：多賀太）（以下A調査と呼ぶ）、もうひとつは、二〇〇六～〇七年度シドニー大学と久留米大学の共同研究「グローバル社会における男性性、変化、葛藤」（久留米大学側研究代表者：多賀太、共同研究者：東野充成、佐々木正徳、村田陽平）（以下B調査と呼ぶ）である。

（1）　A調査の目的と対象者の選定

A調査は、男性雇用労働者の生活全般を多角的に把握し、彼らが置かれている社会的条件に対して、彼らがどのように感じ、またそうした条件に対して彼らがどのように反応しているのかを明らかにすることを目指して実施された。

調査にあたり、対象者のタイプについて、次のような方針を立てた。①三〇~四〇代の男性正規雇用労働者を主要対象者として、この層においてある程度まとまったサンプルを得る。②そのうえで、学歴、職種・業種、居住地域、配偶者や子どもの有無、配偶者の就業状況などにおいてできるだけ多様な対象者を選定するよう心がける。③比較対象者として、少人数の女性雇用労働者や正規雇用労働者でない男性にも調査を行う。

三〇~四〇代の男性雇用労働者を対象者の中心に据えたのは、次の理由による。第一に、彼らは、現在最も長時間働いている層であり、長時間労働や過労などの問題を考えるうえで真っ先に目を向けるべき層であること。第二に、彼らの多くは、ちょうど育児期を迎えているため、男性の育児参加、稼得責任と家庭責任の性別分業、ワーク・ライフ・バランスなど現代のジェンダー問題を考えるうえでも重要な層であること。第三に、彼らの世代は、一〇~二〇年先の企業社会のリーダーを排出する層であり、彼らの生活構造や価値観などを明らかにすることは、全体社会における権力構造やジェンダー構造、さらには覇権的な男性の生き方のモデルの持続と変容の様相を明らかにするうえで有効であると考えられること、である。

以上の方針にもとづき、二〇〇四年一〇月から二〇〇七年二月までの間に、多賀がひとりで調査を行った。調査対象者の選定には、機縁法（snowball method）を用いた。つまり、対象者は、調査者のもともとの知人か、知人から紹介された人か、そうして紹介された人からさらに紹介された人かのいずれかである。こうして、結果的に付表1に示す三三名の対象者のサンプルが得られた。

(2)　B調査の目的と対象者の選定

B調査も、基本的にはA調査と同様の目的で行われた。ただし、B調査は、オーストラリア・シドニー大学のR・コンネル教授を代表とする国際比較研究の一環として、日本でサンプルを収集することを主眼に置いて実施された。この国際比較研究の目的は、オーストラリア、チリ、南アフリカ、そして日本で実施される同種の研究結果の比較を通じて、グローバル・レベルでの「ヘゲモニックな男性性（hegemonic masculinity）」（Connell 1987=1993, 1995）の変化と持続の様態を考察することである。このB調査の実施にあたっては、コンネル教授がオーストラリア・リサーチ・カウンシルから受けた助成金の一部を、当時多賀が勤務していた久留米大学を通して日本の研究グループに配分するかたちで、助成を受けた。

B調査のもとになっている国際比較研究では、調査を行う対象者のタイプについて、ある程度各国に共通する基本方針を立て、各国ではその方針に沿った対象者を可能な範囲で確保するという方法をとった。基本方針として、次のようなタイプの対象者に調査を行うことが目指された。①サンプルのほぼ半分を主要対象者とし、残りのほぼ半分を比較対象として、四〇名程度のサンプルを収集する。②主要対象者には、国際社会とつながりの深い企業や官公庁に勤める中間管理職の男性を据える。③比較対象者としては、次の各タイプからも一定数のサンプルを確保する。すなわち、国際社会とつな

造の変化と持続に関する研究」における収集事例

職　業	学歴	生活圏	婚姻関係	子ども数	面接時間	面接実施年月
空港施設関連会社社員	大卒	首都圏	独身	－	69分	2006年 1月
福祉施設職員	大卒	関西都市圏	独身	－	70分	2005年12月
中央省庁職員	大卒	首都圏	独身	－	67分	2007年 2月
樹脂加工メーカー社員（ＳＥ）	大卒	福岡都市圏	独身	－	74分	2005年 2月
製薬会社社員（研究開発）	院卒	関西都市圏	既婚	－	46分	2004年10月
電線メーカー社員（事務系）	大卒	首都圏	既婚	－	63分	2005年 1月
金融系シンクタンク社員（技術系）	大卒	福岡都市圏	既婚	－	76分	2004年12月
保険会社社員	大卒	関西都市圏	既婚	－	55分	2006年12月
信託銀行行員	大卒	福岡都市圏	既婚	－	67分	2005年11月
中央省庁職員	大卒	首都圏	既婚	2	80分	2006年 1月
福祉関係団体職員	大卒	福岡都市圏	既婚	4	89分	2004年11月
リース会社社員	大卒	首都圏	既婚	1	47分	2005年 1月
地方銀行行員	大卒	四国地方	既婚	2	文書	2006年12月
エネルギー関連会社社員（事務系）	大卒	福岡都市圏	既婚	2	154分	2004年11月
電機メーカー社員（技術系）	大卒	首都圏	既婚	1	93分	2006年 1月
家電メーカー社員（事務系）	大卒	福岡都市圏	既婚	2	87分	2006年 9月
証券会社社員	大卒	首都圏	既婚	2	91分	2006年 6月
外資系ネットワーク会社社員	大卒	首都圏	既婚	1	89分	2006年 8月
通信系会社社員（技術系）	大卒	首都圏	既婚	1	64分	2005年12月
国立大学教員（工学系）	院卒	九州地方	既婚	1	文書	2005年12月
携帯電話販売会社社員（営業職）	高卒	九州地方	既婚	1	69分	2004年12月
地方公務員（技術系）	大卒	福岡都市圏	既婚	3	57分	2006年 2月
政府系シンクタンク研究員	院卒	首都圏	既婚	2	76分	2006年 7月
私立高校教員	院卒	福岡都市圏	既婚	2	59分	2006年 6月
家電メーカー社員（技術系）	大卒	福岡都市圏	既婚	2	76分	2004年11月
公立小学校教員	大卒	福岡都市圏	既婚	1	78分	2004年11月
総合商社社員	大卒	福岡都市圏	既婚	2	122分	2006年 6月
有限会社役員（自営業）	高卒	福岡都市圏	既婚	1	54分	2004年11月
非常勤講師	院卒	中国地方	既婚	2	113分	2005年12月
フリー・カウンセラー	大卒	福岡都市圏	既婚	2	84分	2004年11月
政府系金融機関職員	大卒	首都圏	既婚	－	50分	2006年 8月
損害保険会社社員	大卒	福岡都市圏	既婚	2	28分	2006年 6月
地方公共団体嘱託職員	大卒	九州地方	既婚	2	文書	2005年 1月

付表1　A調査「男性雇用労働者の生活構

対象者のタイプ	事例番号	仮　名	生　年	面接時年　齢
独身の正規雇用労働者	1	ケンスケ	1970年代前半	30代後半
	2	カズオ	1960年代後半	30代後半
	3	テルキ	1960年代後半	30代後半
	4	フミオ	1960年代前半	40代前半
既婚で子どものいない正規雇用労働者	5	シュウイチ	1970年代前半	30代前半
	6	ヨシカズ	1960年代後半	30代後半
	7	トシオ	1960年代後半	30代後半
	8	シゲト	1960年代後半	30代後半
	9	トオル	1960年代後半	30代後半
妻が専業主婦で子育て中の正規雇用労働者	10	アキオ	1970年代前半	30代前半
	11	ジロウ	1960年代後半	30代後半
	12	ヤスオ	1960年代後半	30代後半
	13	ヒロミチ	1960年代後半	30代後半
	14	ヨウイチ	1960年代後半	30代後半
	15	リュウスケ	1960年代後半	30代後半
	16	シュウタロウ	1960年代後半	30代後半
	17	マサヒロ	1960年代後半	40代前半
	18	ヒロユキ	1960年代後半	40代前半
	19	リョウ	1960年代後半	40代前半
	20	ヒロム	1960年代前半	40代前半
妻が正規雇用で子育て中の正規雇用労働者	21	マサノリ	1960年代後半	30代後半
	22	ノブオ	1960年代後半	30代後半
	23	アツシ	1960年代後半	30代後半
	24	コウジ	1960年代後半	30代後半
子育てに一段落ついた正規雇用労働者	25	キョウスケ	1950年代後半	40代後半
	26	サトシ	1950年代後半	40代後半
	27	ミノル	1940年代後半	50代後半
非正規雇用労働者と中小企業経営者	28	ヒデキ	1970年代前半	30代前半
	29	ノブアキ	1960年代後半	30代後半
	30	ケイゾウ	1950年代後半	40代後半
女性雇用労働者	31	エリ	1960年代後半	30代後半
	32	マナミ	1960年代後半	30代後半
	33	キミコ	1960年代後半	30代後半

注：事例は，対象者のタイプの各カテゴリーごとに，上から実際の生年の遅い順に並べてある。

対象者の属性は，すべて面接時のもの。

面接時間欄で「文書」とあるのは自由記述による文書での回答。面接はすべて多賀が担当。

男性性・変化・葛藤」における収集事例

職　業	学歴	生活圏	婚姻関係	子ども数	面接時間	面接実施年月	面接担当
家電メーカー社員（事務系）	大卒	福岡都市圏	既婚	2	87分	2006年 9月	T
証券会社社員	大卒	首都圏	既婚	2	91分	2006年 6月	T
外資系ネットワーク会社社員	大卒	首都圏	既婚	1	89分	2006年 8月	T
外資系アパレル会社社員	大卒	福岡都市圏	独身	-	44分	2006年 4月	H
通信系会社社員（事務系）	大卒	首都圏	既婚	1	44分	2008年 1月	H
人事コンサルティング会社社員	院卒	首都圏	独身	-	49分	2006年 9月	M
エネルギー系会社社員（事務系）	大卒	首都圏	既婚	-	74分	2007年10月	T
発動機メーカー社員（技術系）	専門学校卒	東海地方	既婚	1	75分	2007年 3月	S
外資系投資銀行行員	大卒	首都圏	既婚	1	92分	2007年 3月	M
自動車会社社員（事務系）	大卒	首都圏	既婚	-	59分	2008年 1月	T
中央省庁職員	大卒	首都圏	独身	-	67分	2007年 2月	T
政府系シンクタンク研究員	院卒	首都圏	既婚	2	76分	2006年 7月	T
中央省庁職員	院卒	首都圏	既婚	-	38分	2007年11月	M
中央省庁職員	院卒	首都圏	既婚	1	68分	2006年 9月	M
中央省庁職員	大卒	首都圏	既婚	2	文書	2008年 2月	T
外資系製薬会社社員	大卒	名古屋都市圏	独身	-	35分	2006年 6月	M
ネットワーク会社社員	大卒	首都圏	既婚	-	30分	2006年 8月	H
投資顧問会社社員	大卒	首都圏	独身	-	54分	2006年12月	M
外資系銀行行員	大卒	首都圏	独身	-	63分	2006年12月	M
政府系金融機関職員	大卒	首都圏	既婚	-	50分	2006年 8月	T
信託銀行行員	大卒	福岡都市圏	既婚	-	67分	2005年11月	T
放送局職員	大卒	九州地方	既婚	-	22分	2006年 7月	M
外資系ネットワーク会社社員（技術系）	大卒	首都圏	独身	-	57分	2006年 9月	S
通信系会社社員（技術系）	大卒	首都圏	既婚	1	64分	2005年12月	T
中央省庁職員	大卒	首都圏	既婚	2	80分	2006年 1月	T
福祉関係団体職員	大卒	福岡都市圏	既婚	4	89分	2004年11月	T
地方公務員（技術系）	大卒	福岡都市圏	既婚	3	57分	2006年 2月	T
総合商社社員	大卒	福岡都市圏	既婚	-	80分	2006年 5月	S
総合商社社員	大卒	福岡都市圏	既婚	2	122分	2006年 6月	T
外資系精製技術会社役員	院卒	首都圏	既婚	1	97分	2006年 8月	M
私立大学教授（元中央省庁職員）	院卒	福岡都市圏	既婚	4	194分	2008年 1月	T
外資系総合電機メーカー社員	大卒	首都圏	既婚	-	103分	2008年 2月	S
中央省庁職員	院卒	首都圏	独身	-	97分	2006年 8月	M
中央省庁職員	院卒	首都圏	独身	-	30分	2006年 8月	M

いる。流用分を除き，各事例は、対象者のタイプの各カテゴリーごとに生年の遅い順に並べてある。

での回答。

H＝東野）。

A調査とB調査を合わせた対象者五五名のうち四名は、多忙や、口頭よりも文書の方が答えやすいとの理由から、文書での回答を希望したため、文書で回答してもらった。その他の五一名に対しては、調査者が直接対象者と会って面接を行った。面接を行った五五名中、最も短い対象者で二八分、最も長い対象者で二時間三四分であった。面接時間は、面接場所は、対象者の職場の応接室、対象者の自宅、喫茶店やファミリーレストラン、公共施設のフリースペースなどさまざまであるが、いずれの場合も、対象者が他人に話を聞かれることを恐れて回答しにくいことのないよう最大限の注意を払って場所を選定した。

面接内容の記録には、メモと録音の両方を用いた。面接に際しては、上記の主要質問項目に沿って質問をしながら、ポイントをメモしていった。また、会話の録音を拒否した一名（事例2）以外の五〇名に関しては、了承を得たうえで、会話の内容をすべて録音した。

調査結果の分析に際しては、次の三段階のステップを踏んだ。第一に、テープ起こし業者に依頼して、録音された音声データをすべて文字化した。第二に、文字化された会話の内容と、面接時に調査者が取ったメモをもとに、個々の対象者別の生活史事例を作成した。第三に、そうして作成された生活史事例を、各章のテーマに沿って横断的に読み直しながら分析を行った。

(4) 対象者の属性とサンプルの特徴

対象者の属性については、付表1と付表2に示す通りである。

Ａ調査（付表1）では、三〇～四〇代の男性雇用労働者を中心に、できるだけ多様なタイプの対象者に調査を行うよう心がけたこともあり、職業に関しては、職種、業種とも多岐にわたっている。会社員だけでなく、公務員や団体職員も含まれている。ただし、会社員に関しては、どちらかといえば大企業か、従業員が少なくても大企業のグループ傘下にある企業の従業員がほとんどを占めている。また学歴に関しては、二名を除く全員が大卒以上であり、この年代の男性雇用労働者としては、極端に高学歴層に偏っている。生活圏に関しては、調査実施時の調査者の生活圏である福岡都市圏の人の割合がほぼ半数を占めている。しかし、首都圏在住者も約三分の一を占めており、他にも関西都市圏、中国地方、四国地方、福岡以外の九州地方在住者も含まれている。

Ｂ調査（付表2）では、グローバル志向の企業や官庁に勤める中間管理職男性を主要対象者に据えているため、サンプルに特定の偏りが見られるのは当然であり、またあえてそのようなサンプルの取り方をしている。ただし、すでに述べた各対象者タイプの内部では、できるだけ多様なサンプルが得られるよう心がけたこともあり、三五名中同じ組織に属しているのは二名（一組）だけである。学歴については、専門学校卒の一名を除いて全員大卒以上であり、しかもほとんどは、いわゆる難関大学・有名大学の出身である。生活圏については、圧倒的に首都圏の者が多い。

このように、Ａ調査の対象者とＢ調査の対象者を合わせることで得られた今回のサンプルは、学歴、職業上の地位などの点で日本の平均的な男性よりも恵まれた層が中心となって構成されている。しかし、本書の「まえがき」で述べたことを再び繰り返すならば、日本人男性の平均的な像を描くことが今回のわれわれの主たる目的ではないので、こうしたサンプルの特徴が直ちに調査の価値を低めるわけではない。サラリーマン社会の成功者である彼らは、学歴主義と男性中心主義が支配的な従来の日本社会において、理想的かつ標準的と見なされてきた男の生き方を体現しながら利益を得てきた層である。しかし同時に、彼らは、経済のグローバル化、新自由主義の興隆、男女平等化にともなう労働環境と私生活の再編が進行するなかで、従来の既得権益を脅かされ、そうした変化への対応を迫られている層でもある。この層に照準を合わせ、彼らが、こうした状況をいかなるものと理解し、その状況に対していかに反応しているのかを明らかにすることは、日本社会のジェンダー構造と階層構造の変動と再生産のダイナミクスを理解するうえできわめて有意義であると思われる。

あとがき

本書は、かつて「日本人の行動規範の目標」とまでいわれたサラリーマン像の輪郭がぼやけつつあるなかでのサラリーマンの生活実態を明らかにすることを通じて、現代日本の社会構造の持続と変容の諸相を考察したものである。本書全体を通しての結論は、第6章第4節に記した通りである。

サラリーマン研究としての本書の特徴についてはまえがきで述べたが、もう一点、本書の特徴的性格を挙げるとすれば、それは、本書が「男性による自己省察」という意味での男性学の書でもあるという点だ。本書の執筆は、われわれ執筆者にとって、サラリーマンたちの生活を映し鏡として自らの生き方を問い直す作業でもあった。彼らの生活事例から彼ら自身も自覚していない「男らしさ」へのこだわりを見出したとたんに、同じ男性である自分も同様のこだわりを持っていることに気づかされたこともあった。また、本書執筆中に、われわれ自身が働きすぎから体調を崩してしまい、サラリーマンの働き方や健康問題を批判する前に、まずは自分の生活パターンを改めるべきではないかなどと自問することもあった。さらに、世代、雇用形態や職位、私生活におけるパートナーシップのあり方や世帯構成がそれぞれ異なるわれわれ執筆者の間で、同じ事例をずいぶんと違ったふうに解釈することもあり、その度に、自分の世界観が自分の社会的位置に大きく影響されていることを痛感させられた。

このように本書は、われわれ執筆者の自己省察の成果でもある。多くの男性読者にとっても、本書が、男としての自己の生き方を振り返るきっかけになれば幸いである。他方で、自己省察というのは、ともすれば「自分かわいさ」ゆえに甘くなりがちである。そうした意味では、本書に対する女性読者からのシビアな評価も甘受したいと思う。

さて、本書の完成までには、関係機関や多くの方々にお力添えをいただいた。

二〇〇四年から三年間の面接調査実施に際しては、平成一六～一八年度科学研究費補助金（若手研究（B）研究代表者：多賀太）の助成を受けた。また、本書第4章は、平成二一～二三年度科学研究費補助金（基盤研究（C）研究代表者：多賀太）による研究成果の一部である。

シドニー大学のR・コンネル教授には、国際共同研究プロジェクト「グローバル社会における男性性、変化、葛藤」にお誘いいただき、二〇〇六～七年度の面接調査実施に際して研究助成金を配分していただいた。教授からのお誘いがなければ、われわれ四名の研究グループが結成されることもなかっただろう。本書ではほぼ日本国内のことにしか触れていないが、国際共同研究において日本の男性の生活状況を海外の研究者に説明したり海外の男性の生活状況を学んだりしたことは、日本の男性のあり方を客観視するうえで大いに役立った。

さらに、何としても御礼を申し上げなければならないのは、調査依頼を快く引き受けて貴重なお話を聞かせてくださった五五名の協力者の方々である。本書の限られた紙幅のなかでは全員の事例にふれることができなかったのは残念であるが、本書で展開されている議論は、直接引用できなかったものも含めたすべての事例の考察によって支えられている。また、生活事例の分析結果を記した箇所には協力者ご本人にとって必ずしも快くない記述が見られるかもしれないが、それらはあくまで本書の研究上の関心と枠組みに基づいた限りでの分析結果である。本書の執筆を通してわれわれは、協力者一人ひとりの生き方から多くの感動と数え切れないくらいの人生の教訓を授けていただいたことに深く感謝している点をご理解いただき、ご容赦願えれば幸いである。

最後に、われわれの学会発表を聞いて本書の企画を持ちかけてくださった磯脇洋平さんと、磯脇さんから引き継いで本書の刊行を実現してくださったミネルヴァ書房編集部の涌井格さんに、心より御礼を申し上げたい。

二〇一一年六月

執筆者を代表して　多賀　太

《編著者紹介》

多賀　太（たが・ふとし）

1968年　生まれ

1996年　九州大学大学院教育学研究科博士後期課程単位取得退学，博士（教育学）

現　在　関西大学文学部教授

専　攻　教育社会学，ジェンダー論

主　著　『男性のジェンダー形成――〈男らしさ〉の揺らぎのなかで』（単著）東洋館出版社，2001年

『男らしさの社会学――揺らぐ男のライフコース』（単著）世界思想社，2006年

『子どもへの現代的視点』（共編著）北樹出版，2006年

『ジェンダー学の最前線』（監訳）世界思想社，2008年

『転換期の労働と〈能力〉』（共著）大月書店，2010年

揺らぐサラリーマン生活

――仕事と家庭のはざまで――

2011年10月15日　初版第1刷発行　〈検印廃止〉

定価はカバーに
表示しています

編著者　多　賀　　太

発行者　杉　田　啓　三

印刷者　中　村　知　史

発行所　株式会社　ミネルヴァ書房

607-8494　京都市山科区日ノ岡堤谷町1

電話代表　(075)581-5191番

振替口座　01020-0-8076番

中村印刷・新生製本

ISBN978-4-623-06093-1

Printed in Japan

《執筆者紹介》

佐々木正徳（ささき・まさのり）第**5**章

1977年　生まれ
2005年　九州大学大学院人間環境学府博士後期課程単位取得退学，博士（教育学）
現　在　九州大学大学院人間環境学研究院助教
専　攻　教育人類学，韓国社会・文化論，ジェンダー論
主　著「男性性研究の動向と展望――社会化からエージェンシーへ」九州大学大学院人間環境学府発達・社会システム専攻教育学コース『飛梅論集』第5号，2005年
「男性運動団体参与者の事例から見た韓国の男性性」日本ジェンダー学会『日本ジェンダー研究』9号，2006年
『アジアから観る，考える――文化人類学入門』（共著）ナカニシヤ出版，2008年
『現代韓国の家族政策』（共著）行路社，2011年

多賀　太（たが・ふとし）序章，第**3**章，第**4**章，第**6**章，付録

編著者紹介参照

東野充成（ひがしの・みつなり）第**1**章

1977年　生まれ
2004年　九州大学大学院人間環境学府博士後期課程修了，博士（教育学）
現　在　九州工業大学工学研究院准教授
専　攻　教育社会学，教育学，社会学
主　著　「少子化社会対策基本法立法過程に見る子ども観」（共著）『保育学研究』第44巻第2号，2006年
『子どもへの現代的視点』（共著）北樹出版，2006年
『子ども観の社会学』（単著）大学教育出版，2008年
「子ども社会研究と言説研究」『子ども社会研究』第15号，2009年
『子どもと地域社会』（共著）学文社，2010年

後期近代社会　28
高度成長期　8, 12, 13, 17, 20, 22, 24, 65, 86, 141, 144, 190
腰弁　5
個人化　28, 31, 115, 189, 198, 201, 213, 214
コスト　210, 212, 213
国家公務員　70, 71
子ども・子育て応援プラン　50
雇用形態　88
*コンネル, R.　11

さ　行

裁量労働制　18, 36, 42, 58
裁量労働みなし制　57
*笹野悦子　12
サラリーマン像　96
サラリーマン・モデル　i, 11, 13, 23, 70, 82, 188, 189, 208
サラリーマン─専業主婦　12, 20, 24
ジェンダー　iii, 11, 151
──観　80, 81
──構造　iv, 27, 142, 151, 206, 214, 220, 231
自己教育　47, 48
自己決定　57, 58, 63, 97
自己実現　46-49, 59
自己責任　19, 35-38, 56-63, 200, 212
──の論理　36, 58, 60-62
自殺　68, 75, 77
私事化　167-169
次世代育成支援対策推進法　18, 50
時短促進法　38, 58
失業率　13-15
しつけ　133, 134, 137, 138, 140, 151
就職氷河期　66
終身雇用（制度）　35, 66, 94, 163, 164
少子化対策プラスワン　50
職場内訓練　198
新エンゼルプラン　50
人事評価　91
新自由主義　iv, 36, 37, 57, 58, 63, 133, 200, 231
新人類世代　65, 69, 70, 82, 83, 96
新中間層　141
新中間大衆　10
新保守主義　133
成果主義　16, 31, 36, 44-49, 58, 61, 62, 188
正規雇用　i, 13, 14, 123, 153, 190, 191, 193, 194, 197, 220
性別役割意識　125
性別役割分業　19, 24, 104, 107, 123, 130, 149, 150, 212, 213
世話　121, 134, 137, 138, 140, 151
専業主婦　i, 3, 11, 20, 149, 193

た　行

ダイバーシティ　16, 52
*武石恵美子　56
*竹内洋　2, 5, 6, 11, 16
団塊ジュニア世代　82, 94-96
ポスト──　70
団塊の世代　86, 163
男女共同参画　31, 36, 135, 146
男女雇用機会均等法　16, 22
男女平等化　iv, 189, 206, 215, 231
男女平等主義　135, 146, 148, 151, 202, 205
男性支配　11, 209
男性中心主義　iv, 27, 231
男性の二重負担　209
男性優位　iv, 11, 153, 189, 208, 215, 216

父親
　ケアラーとしての――　130, 135, 140, 207
　権威としての――　129, 133, 150
　チューターとしての――　140, 142, 145, 146, 148, 151, 207
父親（男性）の育児参加　31, 73, 100, 102, 109, 114, 116, 122
父親の家庭教育　130-132, 134-138, 140
中央教育審議会（中教審）　132, 134
中間層　11, 12, 27
チュータリング　137-140, 142, 146-151
中流（階層）　31, 125, 146, 151, 154
長期安定雇用　i, 13, 14, 188, 190, 191, 193, 194, 198, 214
長時間労働　i, 35, 37-41, 44, 46, 62, 63, 73, 75, 106, 107, 116, 125, 154, 188, 190, 220

な　行

名ばかり管理職問題　38
ニート　67
二重負担　126
＊庭野晃子　121
年功序列制　35, 78, 92, 191, 193, 198
年功（序列）賃金　i, 45, 48, 163, 164, 188, 190, 214
能力開発　17, 18, 198
能力主義　214

は　行

＊バウマン，Z.　28, 126
晩婚化　21
ビジネスマン　194-196
非正規雇用　13, 14, 153, 190, 193, 214
貧困　67
ファミリーフレンドリー企業　50
フェミニズム　209
＊舩橋惠子　130
＊冬木春子　107, 109
＊ブラウン，P.　142
ブラック企業　62
フリーター　191-193
不良債権　84, 85
ブルーカラー　7-10, 190
フレックスタイム制　57
文化資本　137
ペアレントクラシー　142, 152, 156
ヘゲモニックな男性性　11, 27
＊ベック，U.　28
変形労働時間制　57
保守主義　151
ポスト会社人間　165, 166, 180, 183, 184
ポスト近代社会　29, 32, 189, 201
ポスト近代モデル　197-200
ポスト団塊世代　163
北海道コカコーラボトリング事件　51
＊ホワイト，A.　68
ホワイトカラー　5, 7-10, 18, 38, 190
　――・エグゼンプション　36
＊本田由紀　15, 25, 29, 47, 67, 142

ま　行

＊前田一　4
未婚化　21
＊村上泰亮　10
明治図書出版事件　51
メリトクラシー　142
メンター制度　77

メンタルヘルス　68, 75-77
目標管理制度　18, 46
＊森岡孝二　39, 48
＊森田美佐　56

や・ら・わ　行

＊矢澤澄子　108, 154
＊八代尚宏　37
＊山瀬範子　123
＊山田昌弘　13, 28
ゆとり教育　144
＊吉田辰秋　4
ライフコース　65, 66, 69, 81, 96
リスク　28, 203, 210, 212, 213
良妻賢母　141
労働基準法　57, 58
労働契約法　50
労働時間等の設定の改善に関する特別措置法　38
ロスト・ジェネレーション　66
ワーカホリック　47-49, 98
ワーキングプア　67
　高学歴──　67
ワーク・ライフ・バランス　18, 31, 36, 49-51, 62, 63, 69, 73, 89, 220

文献一覧

〈あ〉

赤川学 1999『セクシュアリティの歴史社会学』勁草書房

赤木智弘 2007『若者を見殺しにする国——私を戦争に向かわせるものは何か』双風舎

朝日新聞 2009「サラリーマンの昭和史」(大阪本社版 2009 年 3 月 30 日付朝刊)

穐山守夫 2007「労働政策における新自由主義政策の展開」『千葉商大論叢』第 45 巻第 1 号, 1-29 頁

阿部真大 2006『搾取される若者たち』集英社

天野正子編 2001『団塊世代・新論——〈関係的自立〉を開く』有信堂高文社

天野正子 2006「＜総論＞『男であること』の戦後史」阿部恒久・大日方純夫・天野正子編『男性史 3「男らしさ」の現代史』日本経済評論社, 1-32 頁

雨宮処凛・中島岳志・宮本太郎・山口二郎・湯浅誠 2009『脱「貧困」への政治』岩波書店

五十嵐仁 2008『労働再規制——反転の構図を読み解く』筑摩書房

育時連(男も女も育児時間を！連絡会)編 1989『男と女で「半分こ」イズム』学陽書房

岩間夏樹 2009「新入社員の四十年——高度経済成長期からポスト平成不況期まで」『若者の働きかた』(叢書・働くということ⑥)ミネルヴァ書房, 161-184 頁

上西充子 2004「能力開発とキャリア——これからのキャリア形成」佐藤博樹・佐藤厚編『仕事の社会学』有斐閣, 17-32 頁

上畑鉄之丞 2007『過労死サバイバル——仕事ストレスが心身を蝕む前に』中央法規出版

内橋克人・奥村宏・佐高信編 1994『会社人間の終焉』(日本社会原論 3)岩波書店

梅澤正 1997『サラリーマンの自画像』ミネルヴァ書房
NHK「70年代われらの世界」プロジェクト編 1974『オヤジ 父なき時代の家族』ダイヤモンド社
NHKスペシャル「ワーキングプア」取材班 2007『ワーキングプア――日本を蝕む病』ポプラ社
大竹文雄 2000「90年代の所得格差」『日本労働研究雑誌』2000年7月号，2-11頁
太田素子 2000「〈子育ての歴史〉研究の課題と展望」日本教育史研究会編『日本教育史研究』第19号，71-86頁
大沢真知子 2006『ワークライフバランス社会へ――個人が主役の働き方』岩波書店
小笠原祐子 2009「性別役割分業意識の多元性と父親による仕事と育児の調整」財団法人家計経済研究所『季刊 家計経済研究』第81号，34-42頁
岡本智周・笹野悦子 2001「戦後日本の『サラリーマン』表象の変化」『社会学評論』第52巻1号，16-32頁
斧出節子 2003「男性の家庭志向と仕事志向――家庭志向の意味するもの」木脇奈智子編『育児をめぐるジェンダー関係とネットワークに関する実証研究』（平成13-14年度科学研究費補助金（基盤研究（C）（1））研究成果報告書），38-47頁
〈か〉
柏木惠子編 1993『父親の発達心理学』川島書店
片岡栄美 2009「格差社会と小・中学受験――受験を通じた社会的閉鎖，リスク回避，異質な他者への寛容性」『家族社会学研究』第21巻1号，30-44頁
学校法人産業能率大学 2010a「2010年度新入社員の会社生活調査」http://www.sanno.ac.jp/research/pdf/fresh2010_1.pdf（2010年11月30日確認）
学校法人産業能率大学 2010b「第4回新入社員のグローバル意識調査」http://www.sanno.ac.jp/research/pdf/global2010.pdf（2010年11月30日確認）
金井壽宏 2002『仕事で「一皮むける」――関経連「一皮むけた経験」に学ぶ』光文社

神谷育司 1998「現代社会における父性の問題」黒柳晴夫・山本正和・若尾祐司編『父親と家族——父性を問う』早稲田大学出版部，110－135頁
香山リカ 2005『貧乏くじ世代——この時代に生まれて損をした⁉』PHP研究所
川口章 2008『ジェンダー経済格差』勁草書房
熊沢誠 1997『能力主義と企業社会』岩波書店
熊沢誠 2000『女性労働と企業社会』岩波書店
黒柳晴夫 2000「21世紀の父親像」『教育と医学』第48巻9号，77－772頁
玄田有史 2001『仕事のなかの曖昧な不安——揺れる若年の現在』中央公論新社
玄田有史 2005『働く過剰——大人のための若者読本』NTT出版
玄田有史 2006『希望学』中央公論新社
小池和男 1999『仕事の経済学（第2版）』東洋経済新報社
厚生労働省 2008a『平成20年版 労働経済白書——働く人の意識と雇用管理の動向』
厚生労働省 2008b『今後の仕事と家庭の両立支援に関する研究会報告書』
厚生労働省 2008c「今後の仕事と家庭の両立支援に関する調査結果の報告」http://www.mhlw.go.jp/houdou/2008/05/h0520-1.html#06（2010年11月30日確認）
厚生労働省 2009a『平成21年版 厚生労働白書——暮らしと社会の安定に向けた自立支援』
厚生労働省 2009b「2009年就労条件総合調査」
厚生労働省 2009c「平成20年度雇用均等基本調査」
厚生労働省 2010a「イクメンプロジェクトサイト」http://www.ikumen-project.jp（2010年11月30日確認）
厚生労働省 2010b「毎月勤労統計調査平成21年分結果確報」
厚生労働省 2010c「平成21年度雇用均等基本調査」
国立社会保障・人口問題研究所 2006「第13回出生動向基本調査 結婚と出産に関する全国調査 独身者調査の結果概要」http://www.ipss.go.jp/ps-doukou/j/doukou13_s/Nfs13doukou_s.pdf（2010年11月30日確認）
国立女性教育会館 2006『家庭教育に関する国際比較調査報告書』
国立女性教育会館 2010「女性と男性に関する統計データベース」http://

16～18年度科学研究費補助金（若手研究（B））研究成果報告書）
武石恵美子 2008「両立支援制度と制度を活用しやすい職場づくり」佐藤博樹編集代表『ワーク・ライフ・バランス――仕事と子育ての両立支援』ぎょうせい，33－55頁
竹内洋 1995『日本のメリトクラシー』東京大学出版会
竹内洋 1996「サラリーマンという社会的表徴」『日本文化の社会学』（岩波講座 現代社会学 第23巻）125－142頁
橘木俊詔 1998『日本の経済格差――所得と資産から考える』岩波書店
橘木俊詔・八木匡 2009『教育と格差――なぜ人はブランド校を目指すのか』日本評論社
千葉隆之 2004「ライフスタイルと就業意識――『会社人間』の成立と変容」佐藤博樹・佐藤厚編『仕事の社会学』有斐閣，87－102頁
辻村みよ子 2009『憲法とジェンダー――男女共同参画と多文化共生への展望』有斐閣
天童睦子 2004「少子化時代の育児戦略とジェンダー」天童睦子編『育児戦略の社会学』世界思想社，134－154頁
天童睦子・高橋均 2009「『子育てする父親』の社会的構成――育児メディアの教育社会学的分析をふまえて」『名城大学人文紀要』第91集（45巻1号），39－53頁
〈な〉
内閣府 2003『男女共同参画白書 平成15年版』
内閣府 2005a「2004年度企業行動に関するアンケート調査結果」
内閣府 2005b『平成17年度版 国民生活白書』
内閣府 2006『平成18年版 国民生活白書』
内閣府 2007a「平成19年度男女共同参画に関する世論調査」http://www8.cao.go.jp/survey/h19/h19－danjyo/index.html（2010年11月30日確認）
内閣府 2007b『平成19年版 自殺対策白書』
内閣府 2009a「男女共同参画に関する世論調査」http://www8.cao.go.jp/survey/h21/h21－danjo/index.html（2010年11月30日確認）
内閣府 2009b『平成21年版 男女共同参画白書』
内閣府 2010『平成22年版 男女共同参画白書』
永井暁子 2004「男性の育児参加」渡辺秀樹・稲葉昭英・嶋崎尚子編『現代家

族の構造と変容』東京大学出版会，190－200頁
中内哲 2008「配転命令権の根拠と限界」唐津博・和田肇編『労働法重要判例を読む』日本評論社，147－158頁
中田照子・杉本貴代栄・森田明美編 2001『日米のシングルファーザーたち』ミネルヴァ書房
中谷文美 1999「『子育てする男』としての父親？」西川祐子・荻野美穂編『共同研究 男性論』人文書院，46－73頁
中牧弘允・日置弘一郎他 2001『会社じんるい学』東方出版
中牧弘允・日置弘一郎他 2003『会社じんるい学 PART Ⅱ』東方出版
中村桃子 1995『ことばとフェミニズム』勁草書房
西谷敏 2008『労働法』日本評論社
西村健 2002『霞が関残酷物語――さまよえる官僚たち』中央公論新社
庭野晃子 2007「父親が子どもの「世話役割」へと移行する過程」『家族社会学研究』第18巻2号，103－114頁
沼崎一郎 2005「家事・育児する男は少子化を止めるか？――変容する男性の結婚観・子ども観とその影響に関する試論」『国際ジェンダー学会誌』第3号，63－87頁
〈は〉
間宏 1996『経済大国を作り上げた思想』文眞堂
林道義 1996『父性の復権』中央公論社
東野充成 2009「子ども社会研究と言説研究」『子ども社会研究』第15号，88－95頁
ヒューマンルネッサンス研究所 2008『男たちのワーク・ライフ・バランス』幻冬舎ルネッサンス
平川真代 2004「父親の育児参加と家族関係」『家族社会学研究』第15巻2号，52－63頁
広田照幸編 2006『子育て・しつけ』日本図書センター
舩橋惠子 1999「父親の現在」渡辺秀樹編『変容する家族と子ども』教育出版，85－105頁
舩橋惠子 2006『育児のジェンダー・ポリティクス』勁草書房
舩橋惠子・宮本みち子 2008『雇用流動化のなかの家族』ミネルヴァ書房
冬木春子 2003「父親の育児ストレス」木脇奈智子編『育児をめぐるジェン

ダー関係とネットワークに関する実証研究』（平成13－14年度科学研究費補助金（基盤研究（C）（1））研究成果報告書），48－57頁
ベネッセ次世代育成研究所 2010「第2回乳幼児の父親についての調査」http://www.benesse.co.jp/jisedaiken/research/pdf/research09_sokuhou.pdf（2010年11月30日確認）
堀聡子 2005「共働きカップルの育児分担——家事分担との関わりから」『家族研究年報』第30号，64－80頁
本田由紀 2002「ジェンダーという観点から見たフリーター」小杉礼子編『自由の代償／フリーター』労働政策研究・研修機構，149－174頁
本田由紀 2004「学校から職場へ——風化する『就社』社会」佐藤博樹・佐藤厚編『仕事の社会学』有斐閣，103－121頁
本田由紀 2005a「子どもというリスク——女性活用と少子化対策の両立を阻むもの」橘木俊詔編『現代女性の労働・結婚・子育て——少子化時代の女性活用政策』ミネルヴァ書房，65－93頁
本田由紀 2005b『多元化する「能力」と日本社会——ハイパー・メリトクラシー化のなかで』NTT出版株式会社
本田由紀 2008a『「家庭教育」の隘路——子育てに強迫される母親たち』勁草書房
本田由紀 2008b『軋む社会——教育・仕事・若者の現在』双風社
本田由紀・内藤朝雄・後藤和智 2006『「ニート」って言うな！』光文社
〈ま〉
前田一 1928『サラリーマン物語』東洋経済出版部
牧野カツコ・中野由美子・柏木惠子編 1996『子どもの発達と父親の役割』ミネルヴァ書房
正高信男 2002『父親力』中公新書
増田ユリヤ 2009『新しい「教育格差」』講談社
松下浩幸編 2008『サラリーマン』（コレクション・モダン都市文化第33巻）ゆまに書房
松田茂樹 2002「父親の育児参加促進策の方向性」国立社会保障・人口問題研究所編『少子社会の子育て支援』東京大学出版会，313－330頁
松田茂樹 2005「男性の家事・育児参加と女性の就業促進」橘木俊詔編『現代女性の労働・結婚・子育て——少子化時代の女性活用政策』ミネルヴァ書

房，127－146頁
松田茂樹 2006「育児期の夫と妻のワーク・ファミリー・コンフリクト」『家族社会学研究』第18巻第1号，7－16頁
松成義衛・泉谷甫・田沼肇・野田正穂 1957『日本のサラリーマン』青木書店
松原光代 2008「男性の子育て参画の現状と企業の取組み」佐藤博樹編集代表『ワーク・ライフ・バランス―仕事と子育ての両立支援』ぎょうせい，71－94頁
真鍋倫子 2004「既婚女性の就労と世帯所得間格差のゆくえ」本田由紀編『女性の就業と親子関係―母親たちの階層戦略』勁草書房，21－36頁
水月昭道 2007『高学歴ワーキングプア――「フリーター生産工場」としての大学院』光文社
三宅明正 1995「日本社会におけるホワイトカラーの位置――歴史的接近」『現代日本のホワイトカラー』（社会政策学会年報第39集），3－18頁
村上泰亮 1984『新中間大衆の時代――戦後日本の解剖学』中央公論社
メンズセンター編 1996『「男らしさ」から「自分らしさ」へ』かもがわ出版
森岡孝二 2005『働きすぎの時代』岩波書店
森岡孝二 2009『貧困化するホワイトカラー』筑摩書房
森田美佐 2008「父親は育児休業をとりたいのか？」大和礼子・斧出節子・木脇奈智子編『男の育児女の育児――家族社会学からのアプローチ』昭和堂，181－205頁
森田実・雨宮処凛 2009『国家の貧困――格差社会を今こそ粉砕せよ！』日本文芸社
文部省調査局 1962『日本の成長と教育――教育の展開と経済の発達』（再録，文部科学省 http://www.mext.go.jp/b_menu/hakusho/html/hpad196201/hpad 196201_1_001.html）（2010年11月30日確認）

〈や〉

矢澤澄子・国広陽子・天童睦子 2003『都市環境と子育て』勁草書房
八代尚宏 1999『雇用改革の時代――働き方はどう変わるか』中公新書
山口一男・樋口美雄 2008『論争 日本のワーク・ライフ・バランス』日本経済新聞出版社
山瀬範子 2006「父親の育児行為とは何か？」住田正樹・多賀太編『子どもへの現代的視点』北樹出版，160－178頁

山田昌弘 1996『結婚の社会学――未婚化・晩婚化はつづくのか』丸善
山田昌弘 2004『希望格差社会――「負け組」の絶望感が日本を引き裂く』筑摩書房
湯浅誠 2008『反貧困――「すべり台社会」からの脱出』岩波書店
湯浅誠・冨樫匡孝・上間陽子・仁平典宏 2009『若者と貧困――いま，ここからの希望を』明石書店
吉田辰秋 1925『サラリーマン論』大阪屋号書店
読売新聞世論調査部編 2003『素顔の十代』弘文堂
〈ら〉
労働政策研究・研修機構 2005『若者就業支援の現状と課題』
労働政策研究・研修機構 2010『ユースフル労働統計 2010年版』
連合 2007「年間総実労働時間 1800時間の実現に向けた時短方針」
〈わ〉
和田肇 2008『人権保障と労働法』日本評論社
渡辺秀樹・永井暁子 2009「対談 父親像の広がりとこれから」財団法人家計経済研究所『季刊 家計経済研究』第81号，2-15頁

〈外国語文献〉
Bauman, Zygmunt, 2001, *The Individualized Society*, Polity Press.（澤井敦・菅野博史・鈴木智之訳 2008『個人化社会』青弓社）
Bauman, Zygmunt, 2000a, *Liquid Modernity*, Polity Press.（森田典正訳 2001『リキッド・モダニティ』大月書店）
Bauman, Zygmunt, 2000b, *Liquid Life*, Polity Press.（長谷川啓介訳 2008『リキッド・ライフ――現代における生の諸相』大月書店）
Beck, Ulrich, 1986, *Riskogesellschaft : Auf dem Weg in eine andere Moderne*, Suhrkamp Verlag.（東廉・伊藤美登里訳 1998『危険社会』法政大学出版局）
Bourdieu, Pierre, 1979, *La Distinction*, Editions de Minuit.（石井洋二郎訳 1989・1990『ディスタンクシオンⅠ・Ⅱ』新評論）
Brown, Phillip, 1990, "The 'Third Wave': Education and the Ideology of Parentocracy," *British Journal of Sociology of Education*, Vol. 11, No. 1, 65-85

Connell, R. W., 1987, *Gender and Power : Society, the Person and Sexual Politics*, Polity Press.（森重雄・菊地栄治・加藤隆雄・越智康詞訳 1993『ジェンダーと権力』三交社）

Connell, R. W., 1995, *Masculinities*, Polity Press.

Dasgupta, Romit, 2000, "Performing masculinities? The 'Salaryman' at work and play," *Japanese Studies*, 20 (2), 189 - 200.

Giddens, Anthony, 1990, *The Consequences of Modernity*, Polity Press.（松尾精文・小幡正敏訳 1993『近代とはいかなる時代か？——モダニティの帰結』而立書房）

Giddens, Anthony, 1991, *Modernity and Self-Identity : Self and Society in the Late Modern Age*, Polity Press.（秋吉美都・安藤太郎・筒井淳也訳 2005『モダニティと自己アイデンティティ——後期近代における自己と社会』ハーベスト社）

Giddens, Anthony, 1999, *Runaway World*, Profile Books.（佐和隆光訳 2001『暴走する世界——グローバリゼーションは何をどう変えるのか』ダイヤモンド社）

Ishii-Kuntz, Masako, 2003, "Balancing fatherhood and work : Emergence of diverse masculinities in contemporary Japan," in Roberson, J. and Suzuki, N., Eds, *Men and Masculinities in Contemporary Japan*, London, RoutledgeCurzon : 198 - 216

Messner, A. Michael, 1997 *Politics of Masculinities : Men in Movements*, Sage Publications.

Roberson, James E. & Suzuki, Nobue, 2003, *Men and Masculinities in Contemporary Japan: Dislocating the salaryman doxa*, RoutledgeCurzon.

White, A., 2006, http: //www. eurekalert. org/pub_releases/2006-7/vol-vol072706.php（2010年11月30日確認）

Wolferen, Karel van, 1989, *The Enigma of Japanese Power : People and Politics in a Stateless Nation*.（篠原勝訳 1990『日本／権力構造の謎〔上〕』早川書房）

World Values Survey, 2009, "World Values Survey," http://www.worldvaluessurvey.org/（2010年11月30日確認）